河南出版基金
HENAN PUBLICATION FOUNDATION

红旗渠精神同延安精神是一脉相承的，是中华民族不可磨灭的历史记忆，永远震撼人心。

脉相承

延安与红旗渠

涂小雨 著

文心出版社

·郑州·

图书在版编目（CIP）数据

一脉相承：延安与红旗渠／涂小雨著. —郑州：
文心出版社，2025. 2. —ISBN 978-7-5510-3076-2

Ⅰ. D648.4；TV67-092

中国国家版本馆 CIP 数据核字第 20257GS133 号

出 版 人：田明旺		项目统筹：马 达	
选题策划：马 达 刘书焕		责任编辑：刘书焕 魏金梅	
责任校对：王 培 杨云帆		书籍设计：常红岩 左清敏	

出　　版	文心出版社
社　　址	河南自贸试验区郑州片区（郑东）祥盛街 27 号
	邮政编码：450016
发　　行	新华书店
印　　刷	河南博之雅印务有限公司
开　　本	720 毫米×1000 毫米　1/16
印　　张	17.5
字　　数	265 千字
版　　次	2025 年 2 月第 1 版
印　　次	2025 年 2 月第 1 次印刷
书　　号	ISBN 978-7-5510-3076-2
定　　价	56.00 元

如发现印、装质量问题，请与印刷厂联系。电话：0371-65714082

红旗渠精神同延安精神是一脉相承的，是中华民族不可磨灭的历史记忆，永远震撼人心。

——习近平

序

涂小雨的新著《一脉相承——延安与红旗渠》的书稿发到我邮箱已经有些日子了，他希望我给他写一个序言。我因前一段时间工作太忙没有顾及，实在抱歉。最近这几天我抽空断断续续把书稿浏览了一下，一个突出的印象：选题好！主题好！

一看书名，用"一脉相承"四个字把"延安"和"红旗渠"联结起来，这大家好理解，会自然而然地想到联结它们的肯定是"精神"。"延安精神"与"红旗渠精神"，确实是"一脉相承"的。但是，读者们也许会很奇怪，作者为什么在中国那么多红色资源中，独独要挑选"延安"和"红旗渠"这两个地方，讲述用这两个地名命名的"精神"及其"一脉相承"的关系呢？在我看来，这部著作的特点和优点，恰恰就在大家可能感到很好奇的这个地方。我们应该记得，在党的二十大召开后，习近平总书记第一次离开北京到地方上考察，去的就是陕西的延安和河南林州市的红旗渠。涂小雨这部著作，就是追寻习近平总书记的足迹，学习习近平总书记思想的生动体现。

我在学习党的二十大精神的时候，曾经写过一篇文章，题为《在团结奋斗中发挥亿万人民创造伟力》。我在文章一开头就写道："一次成功的党代会，不仅取决于会议取得了什么样的成果，还取决于会议精神的贯彻落实。而会议精神的贯彻落实，从来就是一门很大的学问。习近平总书记指出：'只有全面、系统、深入学习，才能完整、准确、全面领会党的二十大精神，对是什么、干什么、怎么干了然于胸，为贯彻落实打下坚实基础。'而要对'干什么'了然于胸，不仅要学习把握以中国式现代化全面推进中华民族伟大复兴的各项战略举措，还要从思想上、政治上坚持在团结奋斗中发挥亿万人民的创造伟力。"这是最重要的，也是最根本的。

为了说明这一问题，我梳理了习近平总书记二十大后的言和行，学习习近平总书记是怎么在贯彻落实二十大精神时亲力亲为的。

——2022年10月23日，习近平总书记在带领新一届中央政治局常委同中外记者见面时强调了在新征程上要始终保持昂扬奋进的精神状态，要始终坚持一切为了人民、一切依靠人民，要始终推进党的自我革命，要始终弘扬全人类共同价值。尤其强调，"一路走来，我们紧紧依靠人民交出了一份又一份载入史册的答卷。面向未来，我们仍然要依靠人民创造新的历史伟业"。

——2022 年 10 月 24 日，习近平总书记出席军队领导干部会议，在强调军队学习宣传贯彻党的二十大精神，要把聚焦点和着力点放在实现建军一百年奋斗目标上的同时，强调军委一班人要牢记党和人民重托，牢记全军官兵期望，兢兢业业做好军委工作。全军高级干部要讲政治、能打仗、善创新、重实干、严自律，履行好担负的职责。

——2022 年 10 月 25 日，习近平总书记主持召开中央政治局会议，研究部署学习宣传贯彻党的二十大精神的各项工作。同日下午，他主持中共中央政治局第一次集体学习，强调学习贯彻党的二十大精神，要在全面学习上下功夫，要在全面把握上下功夫，要在全面落实上下功夫。他在会上强调指出："空谈误国、实干兴邦，一分部署、九分落实。不注重抓落实，不认真抓好落实，再好的规划和部署都会沦为空中楼阁。"

——2022 年 10 月 26 日，习近平总书记乘车来到延安市安塞区，考察了南沟村和延安中学枣园校区。他在讲话中强调指出："空谈误国，实干兴邦。要认真学习贯彻党的二十大精神，全面推进乡村振兴，把富民政策一项一项落实好，加快推进农业农村现代化，让老乡们生活越来越红火。"

　　——2022 年 10 月 27 日，习近平总书记带领新一届中央政治局常委来到延安，瞻仰延安革命纪念地。他强调："在延安时期形成和发扬的光荣传统和优良作风，培育形成的以坚定正确的政治方向、解放思想实事求是的思想路线、全心全意为人民服务的根本宗旨、自力更生艰苦奋斗的创业精神为主要内容的延安精神，是党的宝贵精神财富，要代代传承下去。"

　　——2022 年 10 月 28 日上午，习近平总书记来到河南安阳林州市红旗渠纪念馆，下午他又考察了殷墟遗址。在考察红旗渠时，他指出："红旗渠就是纪念碑，记载了林县人不认命、不服输、敢于战天斗地的英雄气概。要用红旗渠精神教育人民特别是广大青少年，社会主义是拼出来、干出来、拿命换来的，不仅过去如此，新时代也是如此。"

　　通过这样的回顾梳理，我们可以看到，这些讲话都是围绕怎么样学习贯彻好党的二十大精神展开的。从党的二十届一中全会后，一直到延安和红旗渠考察，前后共 6 天时间。这 6 天，习近平总书记一直在强调三个极其重要的思想：

　　一是贯彻落实党的二十大精神，要在"凝心"上下功夫，让大家懂得奋进新时代新征程要始终保持昂扬奋进的精神状态。延安精神，是党的宝贵精神财富，要代代传承下去。红旗渠精神同延安精神是一脉相承的，是中华民族不可磨灭的历史记忆，永远震撼人心。年轻一代要继承和发扬吃苦耐劳、自力更生、艰苦奋斗的精神，摒弃骄娇二气，像我们的父辈一样把青春热血镌刻在历史丰碑上。

二是贯彻落实党的二十大精神，要在"实干"上下功夫，让大家懂得空谈误国、实干兴邦。不注重抓落实，不认真抓好落实，再好的规划和部署都会沦为空中楼阁。要认真学习贯彻党的二十大精神，全面推进乡村振兴，把富民政策一项一项落实好，加快推进农业农村现代化，让老乡们生活越来越红火。

三是贯彻落实党的二十大精神，要在"聚力"上下功夫，让大家懂得实现我们的奋斗目标必须把人民群众的创造伟力充分发挥出来。全党更要懂得中国共产党是人民的党，是为人民服务的党，共产党当家就是要为老百姓办事，把老百姓的事情办好。要始终坚持一切为了人民、一切依靠人民。面向未来，我们唯有紧紧依靠人民群众，才能创造新的历史伟业。

这三个极其重要的思想，无论是强调精神的力量，还是强调实干兴邦，归根到底，都是要求全党在学习贯彻党的二十大精神时，紧紧依靠人民群众，充分发挥亿万人民的创造伟力，团结带领人民群众艰苦奋斗，实现党的第二个百年奋斗目标。

以上这些话，尽管是我的文章中写下的一些话，但可以说明涂小雨的新著《一脉相承——延安与红旗渠》追寻习近平总书记的足迹，学习习近平总书记的思想，来讲怎么贯彻落实党的二十大精神，选题确实好，主题确实好。

借此机会，再多说一句：要重视红旗渠精神的学习、研究和宣传。

大家知道，在开展党史学习教育时，经有关部门批准出版了《中国共产党简史》和《中华人民共和国简史》等党史学习教育用书。在这些新时代党史研究的最新成果中，红旗渠精神是一个亮点。《中国共产党简史》讲到"值得自豪的是，党领导人民艰辛探索，在社会主义建设上取得巨大成就的同时，在精神力量上也获得了巨大丰收"时，讲述了以铁人王进喜为代表的大庆石油工人创造的爱国、创业、求实、奉献的大庆精神、铁人精神，讲述了河南兰考县委书记焦裕禄的亲民爱民、艰苦奋斗、科学求实、迎难而上、无私奉献的焦裕禄精神，讲述了河南林县人民在县委领导下创造了一代中国农民改天换地的传奇，等等。《中华人民共和国简史》讲到"在战胜国内外困难的斗争中，中国人民经受了严峻考验，涌现了大批不畏艰难、勇于奉献的英雄模范"的时候，讲述了"工业战线创业精神的样板是大庆精神"后，紧接着讲述了"农业战线的旗帜是红旗渠精神"。还需要指出的是，红旗渠精神已经纳入经党中央批准、由中宣部梳理的第一批"中国共产党人精神谱系"之中。联系习近平总书记在二十大后视察红旗渠时的重要讲话精神，显然，红旗渠精神不仅对于当年的社会主义建设具有重大历史意义，而且对于新时代推进中国式现代化和实现中华民族伟大复兴具有极其重大的现实意义。

以往，我们对延安精神研究比较多，对红旗渠精神研究比较少。让人高兴的是，涂小雨在《一脉相承——延安与红旗渠》中，用相当多的笔墨和篇幅讲述了红旗渠的故事，阐发了红旗渠精神，填补了这一空白。对于延安精神，我们早已有明确的概括，习近平总书记带领新一届中央政治局常委瞻仰延安革命纪念地时，集中阐述了延安精神的主要内容及其深刻内涵。在《中国共产党简史》和《中华人民共和国简史》中，对大庆精神、焦裕禄精神等伟大精神的主要内容也都有明确的概括。如果有人要问：红旗渠精神的内涵是什么？涂小雨在书中告诉我们，1990年3月20日，中共林县县委曾经下达文件，把红旗渠精神提炼概括为"自力更生、艰苦创业、团结协作、无私奉献"。同时，他在论述"红旗渠精神永在"时，以习近平总书记视察红旗渠时的重要讲话为依据，强调"自力更生、艰苦创业就是实实在在干起来""团结协作、无私奉献就是苦干实干加巧干"。他还在论述"红旗引领改天换地"时，告诉我们林县人民是怎么从"战太行"到"出太行"、从"富太行"到"美太行"，不断发扬光大红旗渠精神的。

由此可见，涂小雨的《一脉相承——延安与红旗渠》，不仅选题好、主题好，而且通过丰富翔实的资料，理论与历史相结合、理论与实践相结合、历史与现实相结合，深刻地阐述了全书的主题，将这个需要大开大合、相当难写的选题写成了一部精品力作。作为他的博士生导师，我为他的进步感到十分欣慰和高兴。因此，愿意为他的这部新著写下上述几段话，以为序。

李君如

（李君如，中央党校原副校长，第十届全国政协委员，第十一届全国政协常委。）

自　序

中国人民在伟大的中国共产党领导下，形成了伟大的延安精神和红旗渠精神，塑造了中国共产党独特的精神谱系、精神品格和中国人民勇往直前的大无畏革命精神。习近平总书记强调："我们要从红色基因中汲取强大的信仰力量，增强'四个意识'，坚定'四个自信'，做到'两个维护'，自觉做共产主义远大理想和中国特色社会主义共同理想的坚定信仰者和忠实实践者，真正成为百折不挠、终生不悔的马克思主义战士。"[1]

延安是中共中央和红军长征的"落脚点"，是中国共产党领导中国革命走向全面胜利的"出发点"，是中国共产党领导中国人民进行抗日斗争的政治指导中心，是进行新民主主义建设的模

---

　[1]　习近平. 论中国共产党历史 [M]. 北京：中央文献出版社，2021：254.

范试验区。党在延安的 13 年形成了以坚定正确的政治方向、解放思想实事求是的思想路线、全心全意为人民服务的根本宗旨、自力更生艰苦奋斗的创业精神为主要内容的伟大延安精神。

关于模范试验区，毛泽东在 1937 年 5 月 15 日中共陕甘宁特区第一次代表大会上提出了明确的要求："转变与创立特区为抗日民主政治的模范区域，为抗日民族革命战争中政治与军事的模范区域，为实现民主共和制的模范区域。"[1]

红旗渠是中国共产党领导中国人民进行社会主义建设的一个缩影。在党的领导下，英雄的林县人民战·天斗地，无所畏惧，劈开太行山，引来漳河水，重新安排林县河山，以挖山不止的老愚公精神，彻底改变了林县面貌，形成了以自力更生、艰苦创业、团结协作、无私奉献为主要内容的红旗渠精神。

延安时期，毛泽东在考虑如何领导中国人民战胜国民党的黑暗统治，走向光明的未来，重新安排中国河山，谱写新民主主义革命的绚丽华章。

林县以 10 年之力，在党的坚强领导下，经过广泛的思想政治动员、勘察设计和周密组织，一锤一钎干革命，定叫山河换新装，重新安排了林县河山，谱写了社会主义建设的绚丽华章。

---

[1]　中共中央组织部，中共中央党史研究室，中央档案馆. 中国共产党组织史资料：第三卷（上）抗日战争时期（1937.7—1945.8）［M］. 北京：中共党史出版社，2000：261.

延安精神和红旗渠精神一脉相承，是中国共产党宝贵的红色基因，蕴含了共产主义信仰信念的强大真理力量，至今依然震撼人心，是值得我们永远珍视并世代传承的宝贵精神。

一、汲取敢于斗争、敢于胜利的伟大力量

延安时期在党的历史上具有极为重要和特殊的地位，为新中国成立、开辟中国发展新纪元奠定了深厚基础。从 1935 年 10 月 19 日中央红军长征到达陕北，到 1948 年 3 月 23 日东渡黄河离开陕北，是党中央在延安的 13 年。1937 年 1 月，中共中央机关迁驻延安。延安成了中共中央的"落脚点"，也成了建立抗日民族统一战线、赢得抗日战争胜利的政治指导中心和夺取人民解放战争胜利的"出发点"。"一九三五年九月，毛泽东率领中央红军主力已经到达甘肃南部地区。一次偶然的发现，使毛泽东、周恩来知道了刘志丹及其领导的西北苏区，并决定把党中央和红军的'落脚点'放在陕北。"[1]

党在延安领导中国人民进行抗日斗争、领导和指挥全国革命斗争，应对西安事变、七七事变、重庆谈判等重大挑战，最终领导中国革命从延安走向全面胜利。在国共合作抗日期间，面对国

---

[1]《习仲勋传》编委会. 习仲勋传：上卷 [M]. 北京：中央文献出版社，2013：209.

民党顽固派的猖狂进攻，毛泽东提出了针锋相对的战略举措：以斗争求团结则团结存，以退让求团结则团结亡，斗争是团结的手段，团结是斗争的目的。坚持正确的政策和策略，开展有理、有利、有节的斗争，既维护了抗日民族统一战线，又维护了党领导下的人民军队的独立性。

在延安的 13 年，是我党敢于同一切入侵中国的外国帝国主义势力和国民党反动派等一切反动势力斗争并取得胜利的 13 年；是我党掌握了正确的思想方法、团结在毛泽东思想的旗帜下，由小变大、由弱变强，不断从胜利走向胜利的 13 年；同时也是我党思想理论水平不断提高、政治军事能力走向成熟，并最终扭转中国历史走向的 13 年。

著名民主人士柳亚子先生 1945 年 1 月 11 日在《新华日报》创刊纪念会上宣称"世界的光明在莫斯科，中国的光明在延安"，并作诗："工农康乐新天地，革命功成万众和。世界光明两灯塔，延安遥接莫斯科。"1938 年 5 月到 8 月，多达 2288 名知识青年经八路军西安办事处赴延安。到 1938 年底，赴延安的知识分子多达 10 万人，展现出"天下人心归延安"的壮观景象。1944 年 5 月，伊斯雷尔·爱泼斯坦作为中外记者西北参观团的一员访问延安。半个多世纪后，年逾 90 的他回首往事，无限感慨地说："延安之行对我一生走的道路影响重大，让我终生难忘。""我已经实实在在地深信，延安是中国未来的缩影，在下一个 10 年里将证明这一点。"

林县人民在党的领导下，面对千年旱魔所造成的"滴水贵如油，十年九不收"的困难局面，面对林县群山林立、沟壑纵横、土薄石厚、水源奇缺的天然劣势，千军万马战太行，自力更生创奇迹，以任羊成为代表的广大林县人民发扬"下崖除险为革命，粉身碎骨也心甘"的斗争精神，手提漳河水，脚踏太行山，苦干加巧干，拼命加实干，共修建水渠 1500 多公里，削平山头 1250 座，凿通隧洞 211 个，架设渡槽 152 座，实现了"条条渠道绕山转、座座水库映蓝天"的壮美画卷。

习近平总书记在党史学习教育动员大会上深刻指出："在一百年的非凡奋斗历程中，一代又一代中国共产党人顽强拼搏、不懈奋斗，涌现了一大批视死如归的革命烈士、一大批顽强奋斗的英雄人物、一大批忘我奉献的先进模范，形成了井冈山精神、长征精神、遵义会议精神、延安精神、西柏坡精神、红岩精神、抗美援朝精神、'两弹一星'精神、特区精神、抗洪精神、抗震救灾精神、抗疫精神等伟大精神，构筑起了中国共产党人的精神谱系。我们党之所以历经百年而风华正茂、饱经磨难而生生不息，就是凭着那么一股革命加拼命的强大精神。"[1] 要大力弘扬延安

[1]　习近平. 习近平著作选读：第二卷［M］. 北京：人民出版社，2023：423-424.

精神和红旗渠精神，从中国共产党人精神谱系中汲取不竭力量，保持"越是艰险越向前"的英雄气概，保持"敢教日月换新天"的昂扬斗志。

二、汲取坚定的理想信念、革命理想大于天的伟大力量

2020 年 4 月，习近平总书记在陕西考察时指出："延安精神培育了一代代中国共产党人，是我们党的宝贵精神财富。要坚持不懈用延安精神教育广大党员、干部，用以滋养初心、淬炼灵魂，从中汲取信仰的力量、查找党性的差距、校准前进的方向。"[1]中国革命、建设、改革的伟大成就，不是等得来、喊得来的，不是轻轻松松敲锣打鼓就能得来的，而是全靠我们自己的奋斗，拿命换来的。支撑我们奋斗的精神支柱就是坚定的共产主义远大理想——共产党人始终坚守的价值高地。

中国共产党历经坎坷曲折，经历了无数次挫折依然奋起，历尽艰难险阻而屹立不倒、坚如磐石，最根本的是靠理想信念，靠对党的信心、对人民的信心、对我们伟大事业的信心。一代又一代共产党人接续奋斗、一脉相承、与时俱进，带领中国人民走向

---

[1]　习近平. 党的伟大精神永远是党和国家的宝贵精神财富 [J]. 求是，2021（17）.

更加光明的未来，为实现中华民族伟大复兴奠定了根本的政治基础、社会条件和物质基础。

很多革命先烈没有看到革命胜利，却为我们留下了最宝贵的精神财富、红色基因。延安精神和红旗渠精神就是共产党人始终坚守的价值高地，更是党带领人民走向共产主义远大理想的精神旗帜。

习近平总书记强调，精神滑坡是最危险的滑坡，信念动摇是最危险的动摇。随着时代的变迁，中国共产党的执政环境发生了深刻变化。物质条件更丰富了，人民生活水平普遍提高了，党面临的现实考验和现实危险却更大了。中国共产党所面临的长期执政、改革开放、市场经济和外部环境的"四大考验"，以及精神懈怠、能力不足、脱离群众、消极腐败的"四大危险"不但会长期存在，甚至会更复杂、更严峻。树立正确的世界观、人生观、价值观，事关党和国家事业发展全局，事关长治久安，事关人民幸福安康。中国共产党人一刻也不能放松对主观世界的改造，同时还要用改造主观世界的成果来推动对客观世界的改造。思想决定行动，行动决定后果。方向决定道路，道路决定命运。要拧紧理想信念总开关，确保思想上更加统一，政治上更加团结，行动上更加一致。

三、汲取人民的无穷智慧、人民的伟大力量

毛泽东同志在《论联合政府》中指出，"人民，只有人民，才是创造世界历史的动力"[1]。这是马克思主义历史唯物主义世界观最基本的观点：人民群众才是创造历史的真正英雄。是英雄的人民支持了延安革命、孕育了延安精神，是英雄的林县人民创造了人间天河红旗渠、孕育了红旗渠精神。

习近平总书记在党的二十大闭幕之后带领中央政治局常委同志瞻仰延安革命纪念馆时深情地指出："延安用五谷杂粮滋养了中国共产党发展壮大，支持了中国革命走向胜利。延安和延安人民为中国革命事业作出了巨大贡献，我们要永远铭记。"我们之所以能以"小米加步枪"赢得革命胜利，之所以在最困难的时候仍然能够团结奋斗并走向胜利，最根本的是广大人民群众的支持。

中国人民革命军事博物馆陈列着一台长 134 厘米、宽 75 厘米、高 80 厘米的独轮车，它是淮海战役中人民群众积极支援前线的见证。广大人民群众是党的力量之源，是我们事业取得成功的大本大源。陈毅同志形象地说，淮海战役的胜利，是人民群众用小车推出来的。

---

[1] 毛泽东. 毛泽东选集：第三卷 [M]. 北京：人民出版社，1991：1031.

2020 年 8 月 18 日至 21 日，习近平总书记在安徽考察时指出："淮海战役的胜利是靠老百姓用小车推出来的，渡江战役的胜利是靠老百姓用小船划出来的。任何时候我们都要不忘初心、牢记使命，都不能忘了人民这个根，永远做忠诚的人民服务员。"[1]

"水能载舟，亦能覆舟。"人民就是载我们事业之舟的水源，水可以离开舟，但舟是不可以离开水的。唐太宗李世民和魏征堪称一代君臣典范，原因就在于魏征经常提醒李世民注意处理好与治下百姓的关系，经常拿鱼与水、水与舟的关系来劝诚李世民。李世民正是因为能够接受魏征的忠言进谏，始终不忘以民为本，所以才会创造"贞观之治"的千古治世。但有意思的是，李世民本人却在后来背离了虚心纳谏的初心。"魏征死后，太宗感叹魏征不啻为自己的一面镜子，亲自撰写碑文立碑予以表彰。后来因为有人进谗言，太宗推倒了给魏征立的墓碑，随后外征大败。传说太宗感叹如果魏征还活着，断然不至于出现这种失误，于是再次树立原碑。"[2]

我们什么时候忘记了党和人民的鱼水关系，就忘记了我们的本源，就意味着对历史的背叛，对初心的背叛。革命在继续，人

---

[1]　习近平. 论中国共产党历史 [M]. 北京：中央文献出版社，2021：13.

[2]　宫崎市定. 大唐帝国：中国的中世 [M]. 廖明飞，胡珍子，译. 杭州：浙江大学出版社，2021：230.

民在前进。延安精神和红旗渠精神是"为了人民、依靠人民"的产物。英雄的延安人民和广大陕甘宁边区人民，坚定不移听党话，始终不渝跟党走，充分证明了毛主席的光辉论断：人民是真正的铜墙铁壁。英雄的林县人民在党的领导下，没有工具自己造，没有炸药自己捻，没有石灰自己烧，克服了无法想象的困难与挑战，创造了科学的奇迹、工程的奇迹，铸就了历史的丰碑。

涂小雨

目　录

第一章　从延安精神到红旗渠精神 ················ 1

一、延安精神永放光芒 ······················· 1

（一）延安精神的精髓 ···················· 2

（二）延安精神的灵魂 ···················· 5

（三）延安精神的本质 ···················· 9

（四）延安精神的显著特征 ················ 13

二、红旗渠精神永在 ······················· 20

（一）自力更生、艰苦创业就是实实在在干起来

·· 21

（二）团结协作、无私奉献就是苦干实干加巧干

·· 25

三、传承红色血脉，续写红色华章 ··········· 28

（一）敢于担当作为 ···················· 29

（二）摒弃骄娇二气 ………………………………………… 31

（三）发扬斗争精神 ………………………………………… 35

第二章　延安整风：解决思想根子问题 ……………………… 39

一、延安整风的历史背景和历史条件 …………… 42

（一）延安整风的历史背景 ………………………………… 42

（二）延安整风的历史条件 ………………………………… 47

二、延安整风的过程 ……………………………………… 51

（一）思想动员阶段 ………………………………………… 51

（二）整顿三风阶段 ………………………………………… 53

（三）总结历史经验阶段 …………………………………… 58

三、延安整风的深远影响 …………………………………… 59

（一）确立了毛泽东思想的指导地位、毛泽东的

　　　领袖地位 ……………………………………………… 60

（二）独立自主探索中国革命道路 ………………………… 63

（三）人民选择了毛泽东，人民拥戴毛泽东 …………… 66

第三章　从第一个答案到第二个答案 ……………………… 71

一、延安"窑洞对"：人民监督 …………………… 72

（一）"甲申对" ……………………………………………… 73

（二）"窑洞对" ……………………………………………… 79

（三）"赶考对" ………………………………… 83

二、新时代的"窑洞对"：自我革命 …………… 88

（一）自我革命的主体 ………………………… 89

（二）自我革命是一个政治问题 ……………… 93

（三）自我革命在重大历史节点上的重大判断

………………………………………………… 96

三、以自我监督和人民监督相结合为强大动力

………………………………………………… 101

（一）进一步强化纪律意识 …………………… 102

（二）牢牢抓住领导干部这个"关键少数"

………………………………………………… 105

（三）自我革命永远在路上 …………………… 107

第四章 始终坚持人民至上的政治立场 ……… 114

一、人民是真正的铜墙铁壁 …………………… 115

（一）兵民是胜利之本 ………………………… 115

（二）人民就是江山 …………………………… 119

（三）让人民群众得到实实在在的利益 ……… 123

二、红旗渠是坚持人民至上的典范 …………… 127

（一）为谁修渠 ………………………………… 128

（二）依靠谁修渠 ……………………………… 132

（三）如何修渠 ……………………………… 136

三、走好新时代的群众路线 ……………… 139

（一）坚持人民主体地位 …………… 140

（二）把群众路线落在实处 ………… 147

（三）打造公平正义的社会格局 ……… 152

第五章　始终保持光荣传统优良作风 ……… 158

一、"延安作风"打败"西安作风" ……… 159

（一）密切联系群众的优良作风 ……… 160

（二）艰苦朴素的革命本色 ………… 169

（三）没有调查就没有发言权 ……… 173

二、红旗渠是保持光荣传统优良作风的典范
……………………………………… 178

（一）艰苦奋斗 …………………… 178

（二）清正廉洁 …………………… 181

（三）率先垂范 …………………… 185

三、作风建设永远在路上 ………………… 189

（一）力戒形式主义、官僚主义 ……… 190

（二）从"官本位"转向"民本位" …… 195

（三）为人民用好权 ……………… 200

第六章　全面建设社会主义现代化国家 ……………… 205

一、延安实践开天辟地 …………………………… 206

（一）毛泽东与中国发展整体框架的形成 ………… 206

（二）扎实推进共同富裕 …………………… 212

（三）提高群众参与改革的能力 ………………… 217

二、红旗引领改天换地 …………………………… 220

（一）从林县梦到中国梦 …………………… 221

（二）谱写太行四部曲 ……………………… 226

（三）当代红旗渠精神 ……………………… 230

三、走好新时代的长征路 ………………………… 235

（一）创造"五史"里程碑 ………………………… 236

（二）坚持以中国式现代化全面推进中华民族伟大

复兴 …………………………………… 240

（三）把坚持高质量发展作为新时代的硬道理 ……… 245

第一章　从延安精神到红旗渠精神

习近平总书记在河南安阳考察时指出，红旗渠精神同延安精神是一脉相承的，是中华民族不可磨灭的历史记忆，永远震撼人心。从延安精神到红旗渠精神，充分彰显了以伟大建党精神为源头的党的精神谱系源远流长、红色基因代代相传。延安精神和红旗渠精神在我们党领导的革命、建设和改革伟大实践中具有重大时代价值和深远历史影响，在继往开来的新征程上，在实现第二个百年奋斗目标、坚持以中国式现代化全面推进中华民族伟大复兴的历史进程中永不褪色，永放光芒。

一、延安精神永放光芒

2015年2月15日，习近平总书记在陕西考察工作时指出："延安是革命圣地。延安时期是我们党领导的中国革命事业从低

潮走向高潮、实现历史性转折的时期。老一辈革命家和老一代共
产党人在延安时期留下的优良传统和作风，培育形成的以坚定正
确的政治方向、解放思想实事求是的思想路线、全心全意为人民
服务的根本宗旨、自力更生艰苦奋斗的创业精神为主要内容的延
安精神，是我们党的宝贵精神财富。我在延川生活期间，对延安
精神有切身感悟，当年每到一次延安，心里都充满崇敬和激动。
这次再到延安，仍让我深受教育。今天，全面从严治党要继续从
延安精神中汲取力量。"[1]

（一）延安精神的精髓

方向就是旗帜，方向就是力量。"主义譬如一面旗子，旗子
立起来了，大家才有所指望，才知所趋赴。"[2] 正确的方向决定
正确的道路和革命的成功，同时正确的方向来源于正确的思想与
实践。方向即心之所向、目标所至。政治方向是差之毫厘、谬以
千里，决不能粗心大意。如果政治方向错了，那么我们的努力就
会导致南辕北辙的结果，必定导致悲惨的失败。

在新民主主义革命时期发生的形形色色的"左"或"右"的
错误，使革命的方向出现重大偏差，导致重大失败。在以瞿秋白、

---

[1]　习近平. 党的伟大精神永远是党和国家的宝贵精神财富 [J]. 求
是，2021（17）.

[2]　中共中央文献研究室、中共湖南省委《毛泽东早期文稿》编辑组.
毛泽东早期文稿 [M]. 长沙：湖南人民出版社，1990：554.

李立三、王明为代表的 3 次"左"倾错误路线中，尤以王明的"左"倾路线统治时间最长、危害最严重。瞿秋白的"左"倾路线从 1927 年 11 月至 1928 年 4 月，大约 5 个月。李立三的"左"倾路线从 1930 年 6 月至 9 月，大约 3 个月。而王明的"左"倾路线从 1931 年 1 月至 1935 年 1 月遵义会议前，长达 4 年，给全党造成了极为严重的后果，直接导致第五次反"围剿"失败，红军被迫长征。

正是由于遵义会议在危急关头挽救了党，挽救了红军，挽救了中国革命，革命事业才暂时转危为安。在延安时期，经过六届六中全会、延安整风、六届七中全会和党的七大，党确立了正确的政治方向，即以毛泽东为代表的党的正确政治方向，确立了毛泽东的领袖地位，确立了毛泽东思想的指导地位。全党空前团结在毛泽东思想的旗帜下，取得了革命的最终胜利。但是，正确的方向是从哪里来的呢？是从革命斗争的实践中得来的。正确方向的确立是与错误的方向斗争的结果，在斗争实践中可以看到谁是谁非、大是大非。真理越辩越明，在与形形色色的假马克思主义、反马克思主义的错误思潮的斗争中才真正展示出马克思主义的强大真理力量。

2013 年 10 月 7 日，中国国家主席习近平在亚太经合组织工商领导人峰会上演讲时强调："中国是一个大国，决不能在根本性问题上出现颠覆性错误，一旦出现就无法挽回、无法弥补。"[1] 一旦犯了颠覆性错误，就会导致满盘皆输、无可挽回、万劫不复。所谓颠覆性错误，即方向错误。我们做任何工作，一定要以党的方向为方向、党的旗帜为旗帜、党的使命为使命，在党言党、在党爱党、在党为党、在党护党，决不能站在党的队伍之外，决不能偏离习近平总书记指引的方向，决不能离开习近平总书记和党中央的视野，做到光明磊落、堂堂正正。听党指挥、为党尽责、为国分忧，以身许党许国，以心爱党向党。邓小平同志曾经指出："共青团犯一千条错误都没有关系，但是有一条错误不能犯，就是脱离党的轨道。"[2] 因为脱离了党的轨道，就脱离了正确的方向，就会犯严重的颠覆性错误，就会误入歧途。

党的十八大以来，习近平总书记多次强调要坚持和加强党的全面领导、绝对领导、集中统一领导，强调党的领导是发展中国特色社会主义最本质的特征，是中国特色社会主义制度最大的优势，是中国最大的国情，是推进伟大事业的根本政治保证。

习近平总书记在党的十九大报告中进一步强调，党政军民学，东西南北中，党是领导一切的。习近平经济思想强调要加强党对

---

［1］　习近平. 习近平外交演讲集：第一卷［M］. 北京：中央文献出版社，2022：86.

［2］　中共中央文献研究室. 邓小平文集（一九四九—一九七四年）：下卷［M］. 北京：人民出版社，2014：26.

经济工作的领导，习近平法治思想强调加强党对全面依法治国的领导，习近平总书记关于党的建设的重要思想强调要坚持和加强党的全面领导。

"工人阶级是我们党最坚实最可靠的阶级基础，工会工作是党治国理政的一项经常性、基础性工作。"[1] 关于工会工作，习近平总书记强调："工会工作做得好不好、有没有取得明显成效，关键看有没有坚持正确政治方向。坚持正确政治方向，一言以蔽之，就是要坚持中国共产党领导和社会主义制度。"[2]

习近平总书记在主持中共十九届中央政治局民主生活会的讲话中强调："旗帜鲜明讲政治，既是马克思主义政党的鲜明特征，也是我们党一以贯之的政治优势。党领导人民治国理政，最重要的就是坚持正确政治方向，始终保持我们党的政治本色，始终沿着中国特色社会主义道路前进。"[3]

（二）延安精神的灵魂

1938 年 10 月，毛泽东在六届六中全会上第一次使用"实事求是"的概念，他强调："共产党员应是实事求是的模范，又是

［1］　中共中央党史和文献研究院. 习近平关于工人阶级和工会工作论述摘编［M］. 北京：中央文献出版社，2023：1.
［2］　中共中央党史和文献研究院. 习近平关于工人阶级和工会工作论述摘编［M］. 北京：中央文献出版社，2023：4.
［3］　习近平. 习近平著作选读：第二卷［M］. 北京：人民出版社，2023：391.

具有远见卓识的模范。因为只有实事求是，才能完成确定的任务；只有远见卓识，才能不失前进的方向。"[1]

实事求是不仅是完成任务的前提，更是达到"远见卓识"的基础。在实事求是的基础上，我们的判断才能更客观、更符合实际情况及其变化，才有可能达到远见卓识的境界。同时，如果没有思想的解放，没有更高的政治站位、政治智慧与战略眼光，就不可能做到实事求是。真正的实事求是是在思想解放的基础上形成的。

延安时期是中国共产党在理论上、政治上、军事上、组织上更加成熟的时期，特别是毛泽东思想的形成，标志着马克思主义中国化的第一次伟大飞跃，表明中国共产党人能够运用马克思主义之"矢"来射中国革命之"的"，解决中国革命中存在的种种问题。1977年9月19日，邓小平同教育部主要负责同志谈话时指出："毛泽东同志在延安为中央党校题词，就是'实事求是'四个大字，这是毛泽东哲学思想的精髓。"[2]

毛泽东于1937年创作的《实践论》和《矛盾论》，是毛泽东哲学思想的基础。实践论其实就是认识论。因为实践是认识的来

[1] 毛泽东. 毛泽东选集：第二卷 [M]. 北京：人民出版社，1991：522-523.

[2] 邓小平. 邓小平文选：第二卷 [M]. 北京：人民出版社，1994：67.

源、动力、内容、目的和检验认识真理性的标准。"马克思主义者认为，只有人们的社会实践，才是人们对于外界认识的真理性的标准。"[1] 对外界的认识即对客观世界的认识，即世界观，即通过实践的认识来正确看待客观世界，了解并掌握世界的物质统一性。

矛盾论本质上就是方法论。矛盾千差万别、纷纭复杂且无处不在、无时不有，但处理不同矛盾的方法是不一样的，此即斗争的艺术。因此，正确认识矛盾、分析矛盾、处理矛盾就需要掌握辩证唯物主义和历史唯物主义的方法。要分清主要矛盾和次要矛盾、唯心主义的宇宙观和唯物主义的宇宙观、矛盾的主要方面和次要方面、矛盾的普遍性和特殊性、矛盾的斗争性和同一性、矛盾的对抗性和非对抗性及其相互转化。掌握了矛盾，就是掌握了分析事物内在联系的"法门"，因为"事物的性质主要地是由取得支配地位的矛盾的主要方面所规定的"[2]。

《实践论》和《矛盾论》是解放思想、实事求是思想路线的哲学基础。在写于 1941 年的《改造我们的学习》这篇光辉著作中，毛泽东对实事求是作了经典阐述："'实事'就是客观存在着

---

[1] 毛泽东. 毛泽东选集：第一卷 [M]. 北京：人民出版社，1991：284.

[2] 毛泽东. 毛泽东选集：第一卷 [M]. 北京：人民出版社，1991：323.

的一切事物，'是'就是客观事物的内部联系，即规律性，'求'就是我们去研究。"[1]

1941 年，中国共产党成立 20 周年，中国共产党理论上更加清醒、自觉，力量不断成熟、壮大，因为"中国共产党的二十年，就是马克思列宁主义的普遍真理和中国革命的具体实践日益结合的二十年"[2]。

中国共产党从成立之日起就把马列主义作为自己的指导思想。马列主义是来自德国和苏联的社会主义理论，能否指导中国革命取得成功，关键在于我们能不能灵活掌握和运用其基本原理及其所蕴含的立场、观点和方法。

长久以来特别是在革命初期，很多人以为马列主义是不容置疑的，照抄照搬即可解决中国革命的问题。可是大革命的失败和红军第五次反"围剿"的失败等惨痛的教训使我们党开始思考，到底应该坚持什么样的马克思主义。

党的六届六中全会上毛泽东首次提出了"马克思主义中国化"的伟大命题。毛泽东指出："使马克思主义在中国具体化，使之在其每一表现中带着必须有的中国的特性，即是说，按照中

---

[1] 毛泽东. 毛泽东选集：第三卷 [M]. 北京：人民出版社，1991：801.

[2] 毛泽东. 毛泽东选集：第三卷 [M]. 北京：人民出版社，1991：795.

国的特点去应用它，成为全党亟待了解并亟须解决的问题。"[1]

延安整风中的反"三风"，其中最关键的是反对主观主义以整顿学风，而主观主义又分为教条主义和经验主义，其中最主要的是反对教条主义。是来自哪里的教条主义呢？是来自苏联和共产国际的教条主义。苏联和共产国际帮助我们建党建国，有过不少贡献，总体上是功大于过的，但也不是没问题，其问题就在于很多时候不考虑中国的具体国情，强行把其观点和认识加诸中国革命。

（三）延安精神的本质

延安精神来自人民，又服务于人民。人民才是延安精神得以生发的出发点、得以永放光芒的落脚点。1944 年 9 月，中共中央警备团战士张思德在陕北安塞县（今延安市安塞区）山中烧炭时因炭窑崩塌而牺牲，毛泽东在中央警备团追悼张思德的会上作了题为《为人民服务》的著名演讲。

毛泽东明确指出："我们的共产党和共产党所领导的八路军、新四军，是革命的队伍。我们这个队伍完全是为着解放人民的，是彻底地为人民的利益工作的。"[2] 我们是为人民服务的，勇于

---

[1]　毛泽东. 毛泽东选集：第二卷 [M]. 北京：人民出版社，1991：534.

[2]　毛泽东. 毛泽东选集：第三卷 [M]. 北京：人民出版社，1991：1004.

接受别人的批评和意见，因此无论是什么人，"你说的办法对人民有好处，我们就照你的办"[1]。

全心全意为人民服务的根本宗旨写入七大党章，成为中国共产党立党之基、力量之源、生命之本。延安能够成为走向全国胜利的出发点，根本上在于得到了中国人民最深沉、最广泛的支持。军政军民团结、密切党群干群关系的优良传统在延安时期发扬光大。人民在党和毛泽东身上看到了生活的希望和民族的希望，看到了打败日本帝国主义的希望，看到了打倒国民党等一切反动派、推翻三座大山的希望。人民认识到这个党是个极为特殊的党，其特殊之处就在于军民团结、官兵平等和人人平等。没有之前他们所看到的国民党官员和军队的横征暴敛、鱼肉百姓和荼毒生灵。

为什么抗战最终会胜利？为什么解放战争最终的胜利也属于我们？在毛泽东看来，其根本就在于我们所进行的战争是人民战争，是为了人民利益的战争，是发动全体人民为了自己的利益的战争，"这个军队之所以有力量，是因为所有参加这个军队的人，都具有自觉的纪律；他们不是为着少数人的或狭隘集团的私利，而是为着广大人民群众的利益，为着全民族的利益，而结合，而

　　[1]　毛泽东．毛泽东选集：第三卷［M］．北京：人民出版社，1991：1004.

战斗的"[1]。

1954 年，在毛泽东的领导下，新中国第一部宪法——《中华人民共和国宪法》制定并颁布。《中华人民共和国宪法》明确规定，"中华人民共和国的一切权力属于人民"，"为人民服务"写入《中华人民共和国宪法》。

全心全意为人民服务的根本宗旨也是对马克思主义关于无产阶级政党和人民群众的关系理论的重大创新。无产阶级政党最终要带领人民群众实现共产主义远大理想，所以除了最广大人民的利益之外，没有自己的任何私利，因为无产阶级政党的利益和人民的利益是一致的。

如何才能一步步地实现共产主义？必须结合具体的国情。新民主主义时期的中国，面临的最大的问题是独立和自由，打倒一切帝国主义和反动派。为了实现这个现实任务，首先需要做的就是发动群众、带领群众，但前提是让人民认识到党的一切行动都是为了人民的解放，为了实现人民现时的利益以及长远的利益，因为"一切空话都是无用的，必须给人民以看得见的物质福利"[2]。

---

[1]　毛泽东. 毛泽东选集：第三卷［M］. 北京：人民出版社，1991：1039.

[2]　中共中央文献研究室. 毛泽东文集：第二卷［M］. 北京：人民出版社，1993：467.

2015 年 2 月，正在陕西考察的习近平总书记来到延安杨家岭中央大礼堂，瞻仰党的七大会址。置身当年的会场，习近平总书记深有感触地说："我们党之所以能够历经考验磨难无往而不胜，关键就在于不断进行实践创新和理论创新。"

党的十八大以来，习近平总书记对增强宗旨意识、党员意识发表了一系列重要讲话，作出了一系列重大部署。十八大以来进行的七次集中性学习教育都是围绕着群众路线的贯彻展开的。如群众路线教育实践活动，直指我们在贯彻群众观点、群众路线中存在的偏差和问题，特别是对官僚主义、形式主义问题要进行一次大扫除、大整顿。

"三严三实"学习教育虽然是对广大党员干部的要求，但是学习教育的目的是要求全党在努力做"三严三实"好干部的同时，更好地服务人民、敬畏人民、依靠人民、相信人民。

"两学一做"学习教育更是要求全党学习习近平总书记系列重要讲话精神、学习党章，做合格党员。合格党员的根本标志就是具备宗旨意识、党员意识。

"两学一做"学习教育要常态化、制度化进行，表明宗旨意识和党员意识绝不是一个阶段、一个时期的学习任务，而是伴随一个党员终生的任务。宗旨意识和党员意识并不必然随着职务和年龄的增长而自然增长，很多入党多年的老党员、领导干部仍然出现这样那样的问题，有的甚至涉嫌违法犯罪。这就说明，向党员标准看齐、向习近平总书记看齐、向党中央看齐是一个常态化、制度化的任务。

"不忘初心、牢记使命"主题教育所指的"初心"是共产党人应有的对人民的赤子之心和保持建党时期的奋斗精神。随着时代的变迁，长期执政下的中国共产党面临更大考验和危险，但是也有不少人精神松懈下来了，离群众也越来越远了，初心使命渐失，为民之情不再。守得初心，方可得始终。而初心易得，始终却难守。古人云："靡不有初，鲜克有终。"党要时刻同脱离群众的危险倾向作斗争，善始善终、善作善成，不变心、不变质、不变味。

在党史学习教育、学习贯彻习近平新时代中国特色社会主义思想主题教育、党纪学习教育中，群众路线和群众观点依然是贯穿学习教育全过程的重要线索。

（四）延安精神的显著特征

毛泽东在 1939 年 1 月召开的陕甘宁边区第一届参议会上首次提出"发展生产，自力更生"的号召。1939 年 2 月，为克服经济上的严重困难，中共中央在延安召开生产动员大会，毛泽东在会上发表讲话，他说："陕甘宁边区有二百万居民，还有四万脱离生产的工作人员，要解决这二百零四万人的穿衣吃饭问题，就要进行生产运动。生产运动还包含一个新的工农商学兵团结起来的意义。这二百零四万人中，有学生、军人、老百姓等，今年都要种田、种菜、喂猪，这是农；要办工厂，织袜做鞋等，这是工；要办合作社，这是商；全体都要学习，老百姓要开展识字运动，这是学；最后是军，八路军自然是军，学生要受军训，老百姓要组织自卫军。"[1]

延安时期是中国共产党在极其困难的条件下领导中国革命不断取得全面胜利的时期，物质条件的匮乏也未能阻挡革命前进的脚步。延安时期形成的以组织起来、奋力进取的革命乐观主义精神和团结依靠群众、敢于征服困难的革命英雄主义精神为重要内涵的南泥湾精神生动诠释了自力更生、艰苦奋斗的创业精神。

以开垦南泥湾为标志的"自己动手，丰衣足食"的大生产运动，使荒滩荒山变成了良田。人民军队和广大人民群众靠自己的双手彻底改变了延安的物质生活条件，把烂泥坑变成了米粮川，有力支援了革命胜利。"小米加步枪，保卫党中央""一把锄头一支枪，生产自给保卫党中央"，正是共产党人革命乐观主义精神的升华。

中共七大召开之前，在延安召开了陕甘宁边区劳动英雄和模范工作者会议。会议期间，毛泽东和出席会议的地委书记和专员

[1] 中共中央党史和文献研究院. 毛泽东年谱：第二卷［M］. 北京：中央文献出版社，2023：110-111.

进行了谈话。

毛泽东重点谈了生产建设问题："我们搞经济建设，我们的想法和做法，要适合于目前我们所处的环境，这就是个体经济的被分割的游击战争的环境。因此，我们的主张是，自力更生，不依赖外援，发展生产，保障供给，统一领导，分散经营，大家动手，丰衣足食的方针。为了减轻农民负担，要坚持战斗，对付荒年。一切部队和机关都要参加生产。"[1]

陕甘宁边区组织动员妇女参加劳动，宣传妇女劳动光荣，表彰了妇女劳动英雄马杏儿等，推动妇女纺织运动。到 1944 年，边区已有纺妇 152645 人，织妇 60548 人，纺纱 166 万余斤，织成大布 114497 匹。

1943 年 1 月 14 日，毛泽东在中共中央西北局高级干部会议闭幕时作了关于领导问题的演讲，并对领导经济建设成绩卓著的王震、习仲勋等人予以奖励并逐一题词，"给习仲勋的题词是'党的利益在第一位'，给王震的题词是'有创造精神'"[2]。这充分说明，在延安整风期间，党中央一直高度关心并推动边区的大生产运动等经济建设活动，为夺取革命胜利提供强大的物质

---

[1] 《习仲勋传》编委会. 习仲勋传：上卷 [M]. 北京：中央文献出版社，2013：386-387.

[2] 《习仲勋传》编委会. 习仲勋传：上卷 [M]. 北京：中央文献出版社，2013：334.

支撑。

1942 年 12 月，毛泽东在《经济问题与财政问题》中又提出了发展生产是边区最中心的任务和"发展经济，保障供给"的总方针。"习仲勋在关中分区坚决贯彻毛泽东提出的'发展经济，保障供给'的经济财政工作总方针，实行'农业为主，兼顾工业，商业为辅'的原则，党政军民齐动员，掀起了轰轰烈烈的大生产运动。"[1]

陕甘宁边区的绥德分区在大生产运动中，仅 1943 年一年时间，"粮食生产取得了较好收成，基本解决了全区五十二万人口吃饭问题。仅警备司令部在一九四三年的大生产运动中，就开垦荒地七百余块，产粮九百余石，收菜一百二十余万斤，养猪近二千头，纺毛线八点六万斤，棉纱六点四五万斤。军工厂年产棉布四千八百匹，棉衣四千套，单衣四点七六四万套，皮衣一千三百五十件，军帽四千顶，鞋子一点五八万双，毯子一千八百床，绑腿三千副，满足了该部官兵被服装备的需要。全年生产总值折合小米四万余石，解决了部队大部分粮食供应，尔后又达到了全部自给"[2]。

---

[1]《习仲勋传》编委会. 习仲勋传：上卷 [M]. 北京：中央文献出版社，2013：314.

[2]《习仲勋传》编委会. 习仲勋传：上卷 [M]. 北京：中央文献出版社，2013：346.

1939 年 9 月，陕甘宁边区第二师范在极为艰苦的斗争环境中成立，培养边区急需的人才。"在国民党军封锁、包围和不断侵扰的环境中七进七出马栏，辗转陕甘晋，搬迁十多次，在数千里征途上留下了二师师生艰苦创业、不懈追求的足迹和汗水。"[1] "他们提出'白手起家，艰苦办学'的方针，每迁徙到一地，师生自己动手，打窑洞，建校园，解决衣、食、住、教问题。"[2]

为了解决学校在生产劳动中的工具问题，"习仲勋提出学校与群众变工互助，即学校派学生给群众锄一天地，群众帮学校犁一天地，既解决了学校的困难，锻炼了学生，又密切了与群众的联系"[3]。这既是一种互助精神，更是一种创业精神和高度的政治智慧。

在极度艰苦的条件下，二师不仅生存了下来，而且形成了良好的校风、学风，与群众建立了深厚的感情，培养了大批革命需要的人才。"在那样一个战火纷飞的特定历史年代里，二师培养出数以千计的人才，分布在党、政、军和财、建、教、新闻、文

---

[1] 《习仲勋传》编委会. 习仲勋传：上卷 [M]. 北京：中央文献出版社，2013：301.

[2] 《习仲勋传》编委会. 习仲勋传：上卷 [M]. 北京：中央文献出版社，2013：305.

[3] 《习仲勋传》编委会. 习仲勋传：上卷 [M]. 北京：中央文献出版社，2013：304.

艺、出版、医疗以及工、青、妇等各个方面、各条战线。"[1]

作为毛泽东思想的三个活的灵魂之一的"独立自主"与自力更生是一脉相承的。1930年，毛泽东在《反对本本主义》中首次阐述了"独立自主"的思想。1937年8月1日，毛泽东在给中共与国民党谈判代表周恩来、林伯渠的电文中在党内首次明确使用了"独立自主"一词，指出红军作战"在整个战略方针下执行独立自主的分散作战的游击战争"。

毛泽东还深刻阐述了独立自主与自力更生的辩证关系："我们中华民族有同自己的敌人血战到底的气概，有在自力更生的基础上光复旧物的决心，有自立于世界民族之林的能力。"[2] 独立自主既包括思想路线的独立自主，也包括物质层面的独立自主。前者强调中国共产党的思想水平与思想方法，后者强调中国共产党的大无畏革命精神与实践精神。

中国共产党忠实践行了马克思主义的实践哲学，带领人民开展生产实践斗争、军事斗争、政治斗争，以改造主观世界的成果推动客观世界的进一步改造，实现知行合一、认识论方法论相统一。

[1] 张振西，任志成，阎凌. 陕甘宁边区第二师范 [M]. 西安：陕西人民出版社，1994：5.

[2] 毛泽东. 毛泽东选集：第一卷 [M]. 北京：人民出版社，1991：161.

新中国成立之初，毛泽东就号召全国一切革命工作人员永远学习和保持延安和陕甘宁边区工作人员具有的艰苦奋斗的作风。改革开放以后，邓小平提出，"我们一定要宣传、恢复和发扬延安精神，解放初期的精神，以及六十年代初期克服困难的精神。我们首先要自己坚定信心，然后才能教育和团结群众提高信心"[1]。

党的十八大以来，习近平总书记多次强调要保持共产党人的政治本色，保持艰苦朴素的优良作风。习近平总书记在庆祝中国共产党成立 95 周年大会上的讲话中指出："我们党已经走过了 95 年的历程，但我们要永远保持建党时中国共产党人的奋斗精神，永远保持对人民的赤子之心。"

中国特色社会主义进入新时代，艰苦奋斗面临新的形势和要求。一方面，艰苦奋斗不仅指克服物质上的不足与贫困，还要始终保持共产党人艰苦奋斗的创业精神。保持艰苦奋斗精神在延安时期的考验是物质的不发达，而在今天则是物质的相对发达。在生产力水平和经济条件都已经大幅度提升的背景下，共产党人还能不能保持艰苦奋斗精神？如何保持艰苦奋斗精神？我们要始终牢记，党来自人民，人民的幸福生活来自带领人民艰苦奋斗的一

————————————

[1]　邓小平. 邓小平文选：第二卷［M］. 北京：人民出版社，1994：369.

代又一代共产党人。

党的纪律包括生活纪律，即使我们有了好的生活条件，也要坚决摒弃奢靡之风、享乐主义。虽然我们现在所取得的成就举世瞩目，人民衷心拥护，我们倍感自豪，但正如毛泽东同志在党的七届二中全会上所强调的，这只是万里长征的第一步，未来还有更长的路要走。奋斗永无止境，为实现人民日益增长的美好生活需要永无止境，艰苦奋斗精神永无止境。

二、红旗渠精神永在

习近平总书记在视察安阳时强调："红旗渠精神同延安精神是一脉相承的，是中华民族不可磨灭的历史记忆，永远震撼人心。年轻一代要继承和发扬吃苦耐劳、自力更生、艰苦奋斗的精神，摒弃骄娇二气，像我们的父辈一样把青春热血镌刻在历史的丰碑上。实现第二个百年奋斗目标也就是一两代人的事，我们正逢其时、不可辜负，要作出我们这一代的贡献。红旗渠精神永在！"[1]

1989 年，林县县委在讨论林县的发展大计时提出，若想使林县人民的生活上一个新台阶，达到富裕，就需要一种精神来指引发展、支撑前行。而红旗渠精神就能够激发人们奋勇前进，林县

---

[1] 习近平在陕西延安和河南安阳考察时强调　全面推进乡村振兴　为实现农业农村现代化而不懈奋斗 [N]. 人民日报，2022-10-29（1）.

县委把红旗渠精神提炼为"自力更生、艰苦创业、团结协作、无私奉献",并于 1990 年 3 月 20 日在《关于宣传、继承和发扬红旗渠精神的决定》中正式提出,这是首次公开发表的较为正式的关于红旗渠精神的总结。

1990 年是红旗渠总干渠通水 25 周年,林县县委、县政府为了把《关于宣传、继承和发扬红旗渠精神的决定》广泛深入地贯彻落实到广大人民群众中,成为推动各项工作的动力,决定举行红旗渠总干渠通水 25 周年纪念活动,成立了红旗渠通水 25 周年纪念活动领导小组。这一活动得到上级党政领导的关怀和支持。时任全国人大常委会副委员长的彭冲为红旗渠纪念碑题写碑名。时任全国人大常委会副委员长的习仲勋、全国政协副主席的钱正英分别题词祝贺。时任全国人大常委会副委员长的陈慕华接见了当时的中共林县县委书记赵玉贤等,并专门听取了红旗渠情况的汇报,对林县人民的自力更生、艰苦奋斗精神给予了很高的评价。与此同时,水利部原部长杨振怀、水利部原副部长李伯宁和中共林县县委原第一书记杨贵也分别发来贺电和贺信。

(一) 自力更生、艰苦创业就是实实在在干起来

习近平总书记强调:"红旗渠就是纪念碑,记载了林县人不认命、不服输、敢于战天斗地的英雄气概。"红旗渠是中国共产党的初心之渠,是英雄人民的不朽丰碑。

2011 年 3 月，习近平在参加十一届全国人大四次会议河南省代表团审议《政府工作报告》时指出："红旗渠精神是我们党的性质和宗旨的集中体现，历久弥新，永远不会过时。"在党的红旗引领下，十万大军奔向太行，实现了重新安排林县河山的雄心壮志。新中国成立之初，我国面临一穷二白的困难局面，在党的领导下，胜利完成了"一化三改"，建立了比较完整的社会主义工业体系、经济体系，确立了社会主义制度，取得了社会主义建设的伟大成就，靠的就是自力更生、艰苦创业的精神。红旗渠和红旗渠精神就是在社会主义革命和建设时期形成的伟大成就和伟大精神。

红旗渠的建成是自力更生、艰苦创业精神的典范。从 1960 年 2 月 11 日正式开工，到 1969 年 7 月支渠配套工程全面完成，用了近 10 年的时间。在开工当天，约 3.7 万人组成的修渠大军在县委书记杨贵带领下，意气风发，开进太行山。林县人民有志气，红旗渠所创之业是物质之业，更是世代传承的精神之业，是中国精神和伟大建党精神的生动诠释。

周恩来总理曾自豪地说，新中国有两大奇迹，一个是南京长江大桥，一个是林县红旗渠。红旗渠是世界水利第八大奇迹，是当代的万里长城，是现实版的愚公移山。在修建红旗渠的过程中，共挖砌土石 2225 万立方米，如果修一道高 2 米、宽 3 米的墙，估计可以纵贯祖国大江南北。

杨贵曾说，自力更生、艰苦奋斗是我们党和中华民族的优良传统，更是共产党人应有的气节，不向别人乞求，立得端，行得正，靠着自己的钢筋铁骨一双手，自立于世界民族之林。

共产党人搞社会主义建设，就得辛辛苦苦出力、精打细算花钱。在红旗渠修建的 10 年当中，先后有 81 位干部群众献出了宝贵生命，其中年龄最大的 63 岁，年龄最小的只有 17 岁。在修渠大军中，年龄最小的只有 13 岁。年龄最小的就是张买江，其父亲是修渠牺牲的 81 名烈士之一。张买江的父亲牺牲时张买江才 13 岁，他被母亲送到了修渠工地。张买江的母亲对张买江说，渠上必须有咱家的人，修不好渠就别回来见娘。红旗渠修了 10 年，张买江干了 9 年。

邓小平同志在改革开放初期曾告诫全党："世界上的事情都是干出来的，不干，半点马克思主义都没有。"当时修建红旗渠预计需要资金 7000 万元，而林县的年收入却不到 300 万元。在开工之初，林县决定把全县不到 300 万元的家底全拿出来，只准买水泥、钢钎、炸药等大件物料，其他不能买，要保证最基本的施工材料。后来，在周恩来总理的关怀下，省里拨给林县 200 万元，这大大鼓舞了林县人民的士气。但是毕竟资金缺口太大，再加上太行山的石灰岩质地特别硬，炸药用量大大超出了预期，购买的炸药根本不够用。林县人民根据在抗日战争时期自制土炸药的经验，自制炸药。修渠共用了约2740吨炸药，其中土炸药占到近一半，约1215吨，这有力地保证了修渠工程顺利推进。

在干的过程中，党员干部带头，领导带头，广大党员干部与人民群众同吃、同住、同学习、同劳动，一起商量着解决难题。党员干部身先士卒，率先垂范，总把最苦、最累、最危险的工作留给自己，领取给养物资时却把人民群众推到前面。修渠时，党员干部先实验，再给群众定指标：党员干部修5米，群众修4米。在工地上，当时除自带口粮外，还根据物资供应情况，给予一定的补助。1960年2月至8月，群众每人每天补助口粮2市斤，党员干部补助1.5市斤；1961年至1966年，群众每人每天补助口粮1.8市斤，党员干部补助1.2市斤。干部能搬石头，群众就能搬山头；干部能流一滴汗，群众的汗水就能流成河。这就是当年党群干群团结一致向前进的生动写照。

共产党人冲锋在前，时刻把人民的利益放在第一位，深受广大群众爱戴和拥护。党的号召就是号令，党就是方向盘，党就是方向。习近平总书记强调："抓落实来不得花拳绣腿，光喊口号、不行动不行，单单开会、发文件不够，必须落到实处。抓落实，是党的政治路线、思想路线、群众路线的根本要求，也是衡量领导干部党性和政绩观的重要标志。"[1]

（二）团结协作、无私奉献就是苦干实干加巧干

在红旗渠修建的过程中，曾经面临资金、资源、技术等方面的挑战，但林县人民从未动摇，而是开动脑筋，改造主观世界，尊重自然，顺应自然。既讲主观能动性，又讲客观规律性；既相信"人定胜天"的大无畏革命精神，更讲人水和谐、山水和谐。

在社会主义革命和建设时期，毛泽东曾经提出"以苏为鉴"的思想，认为中国的发展必须结合中国的实际，两国国情不同，自然政策和策略也不相同。林县人民在修渠的过程中也在思考：怎么实现红旗引领、创造人间奇迹？最终一致认为：必须团结协作，必须尊重科学，党员干部必须吃苦在前、享受在后，党的旗帜必须在建设工地上高高飘扬。

习近平总书记强调："好的方针政策和发展规划都应该顺应人民意愿、符合人民所思所盼，从群众中来、到群众中去。"[2]红旗渠是尊重客观规律、自信自立的典范。自信主要指主观能动性、革命精神，自立主要指客观规律性、自然规律。无自信之勇

---

[1]　中共中央政治局召开民主生活会　以认真学习贯彻习近平新时代中国特色社会主义思想　坚定维护以习近平同志为核心的党中央权威和集中统一领导　全面贯彻落实党的十九大各项决策部署情况为主题进行对照检查［N］.人民日报，2017-12-27（1）.

[2]　习近平. 习近平谈治国理政：第四卷［M］. 北京：外文出版社，2022：58.

气就不可能真正自立，而无自立就不可能有真正的自信。

红旗渠修建过程中有一个特殊的技术要求：纵坡比不大于1/8000。红旗渠的引水点是在山西省平顺县石城镇的侯壁断下，从侯壁断到林县境内，最高的分水岭渠线必须绕着太行山的半山腰过去，全程 70 多公里。在那个没有大型抽水设备的年代，如何实现依靠河水重力自流，将漳河水引到林县境内呢？

侯壁断海拔 464.75 米，比林县境内最高的分水岭仅仅高出14.7 米。要实现河水自流，就必须保证从渠首到分水岭 70 多公里的渠线，渠道的纵坡比不大于 1/8000。也就是说，渠道每前进8 公里，渠底海拔只允许下降 1 米。如果渠道是笔直的，这样的技术要求并不算苛刻，但红旗渠恰恰缠绕在九曲十八弯的太行山间，在那个没有先进施工工具和测量工具的条件下，要实现这样的技术要求简直就是难以完成的任务，但林县人民克服了一切困难，最终将这一不可思议的人工工程修成了。在修渠过程中集中力量，分段突击，把 70 多公里的渠分为四段，修一段就立即通水，这也极大地增强了广大干部群众修渠的信心。

为了解决技术难题，杨贵亲自把林县唯——个正规水利专业毕业的技术员吴祖太请来。吴祖太不负众望，和其他工程技术人员一起爬山越岭，实地勘测，翻阅大量资料，精心设计，仅用 3个月就拿出了红旗渠第一本蓝图——《林县引漳入林灌溉工程初步设计书》。吴祖太不知道的是，他设计的红旗渠创造了多项水利工程奇迹，如他设计的位于总干渠任村镇白家庄村西露水河支流段的空心坝，就是正确解决渠水与河水交叉问题的设计典范。

空心坝于 1960 年 2 月动工，1964 年 4 月 5 日竣工，坝长 166 米，底宽 20.3 米，顶宽 7 米，高 6 米。为增强对河水的抗压能力，坝体为弓形，坝腹设双孔涵洞，单孔宽 3 米，高 4.5 米，过水能力为 23 立方米/秒。即便以如今的技术条件来看，空心坝仍然是水利史上的重大创举。

1960 年 3 月 28 日下午，吴祖太听说王家庄隧洞洞顶裂缝掉土严重，出于对人民群众安危的高度负责，他与姚村公社卫生院院长李茂德深入洞内察看险情，不料洞顶坍塌，夺去了他年轻的生命。吴祖太以身殉职，终年 27 岁。

根据吴祖太在林县水利建设工作中作出的贡献，林县县委追认他为中国共产党正式党员。吴祖太以他生前的实际行动践行了入党誓词：为共产主义奋斗终身，随时准备为党和人民牺牲一切。

1960 年，林县县委正式把"引漳入林工程"命名为"红旗渠"，实现了精神的升华和力量的凝聚。"政治路线确定之后，干部就是决定的因素。"[1] 杨贵认识到，如果没有党的旗帜高高飘

---

[1] 毛泽东. 毛泽东选集：第二卷 [M]. 北京：人民出版社，1991：526.

扬，没有党组织的领导核心作用、党支部的战斗堡垒作用和广大党员干部的模范带头作用，人民群众将无所归依，方向将难以保证，修渠工程就难以成功。在党的旗帜引领下，3 万多名共产党员、共青团员、青年民兵冲锋陷阵，30 多万林县人民前赴后继，涌现出了马有金、路银、任羊成、王师存、李改云、郭秋英、张买江、韩用娣等一大批红旗渠建设模范。

三、传承红色血脉，续写红色华章

党的十八大以来，习近平总书记反复强调，要让红色基因代代相传，确保红色江山永不变色。2021 年 6 月 25 日，习近平总书记在十九届中央政治局第三十一次集体学习时指出："决不能丢掉革命加拼命的精神，决不能丢掉谦虚谨慎、戒骄戒躁、艰苦奋斗、勤俭节约的传统，决不能丢掉不畏强敌、不惧风险、敢于斗争、敢于胜利的勇气。"[1]

习近平总书记曾指出："红色是中国共产党、中华人民共和国最鲜亮的底色，在我国 960 多万平方公里的广袤大地上红色资源星罗棋布，在我们党团结带领中国人民进行百年奋斗的伟大历程中红色血脉代代相传。每一个历史事件、每一位革命英雄、每

---

[1]　习近平. 用好红色资源　赓续红色血脉　努力创造无愧于历史和人民的新业绩 [J]. 求是，2021（19）.

一种革命精神、每一件革命文物，都代表着我们党走过的光辉历程、取得的重大成就，展现了我们党的梦想和追求、情怀和担当、牺牲和奉献，汇聚成我们党的红色血脉。红色血脉是中国共产党政治本色的集中体现，是新时代中国共产党人的精神力量源泉。"[1]

（一）敢于担当作为

红色是中国革命、建设与改革铸就的颜色，形成了至高无上的精神，引领着一代代共产党人前进。延安精神和红旗渠精神诞生于那个火红的年代，铸就于历史，更属于现代和未来。

2020 年 10 月 12 日至 13 日，习近平总书记在广东考察时的讲话中指出："面对世界百年未有之大变局，面对国内外发展环境发生的深刻复杂变化，我们要走一条更高水平的自力更生之路，实施更高水平的改革开放，加快构建以国内大循环为主体、国内国际双循环相互促进的新发展格局。"延安精神和红旗渠精神集中体现了党的性质和宗旨，体现了忠诚、干净、担当的要求。习近平总书记强调，"人民群众对美好生活的向往，就是我们的奋斗目标"。

党的二十大刚刚闭幕，习近平总书记就带领新一届中共中央

---

[1]　习近平. 用好红色资源　赓续红色血脉　努力创造无愧于历史和人民的新业绩 [J]. 求是，2021（19）.

政治局常委专程前往延安，瞻仰延安革命纪念地，宣示将继承和发扬延安时期党形成的优良革命传统和作风，弘扬延安精神。他强调："要弘扬伟大建党精神，弘扬延安精神，坚定历史自信，增强历史主动，发扬斗争精神，为实现党的二十大提出的目标任务而团结奋斗。"也正是在延安，习近平总书记字句铿锵地指出，"让我们踏上新征程，向着新的奋斗目标，出发！"

在红旗渠修建过程中，面对质疑和反对声，杨贵多次表态："如果红旗渠修好了没有把水引过来，我杨贵就从太行山顶跳下去，向林县人民谢罪。"在修渠过程中，有人举报"林县不顾群众死活，大搞工程建设"；总干渠修至一半，有关方面下达"百日休整"文件，要求建设中的大型工程停工；因为将县里的退赔款用于修建红旗渠，上级派来了调查组。

面对这些尖锐问题和困难，林县县委一班人没有退缩回避，决心以无私无畏、忍辱负重的坚定信念，继续修建红旗渠，这充分体现了共产党员的责任与担当。

习近平总书记强调："坚持原则、敢于担当是党的干部必须具备的基本素质。'为官避事平生耻。'担当大小，体现着干部的胸怀、勇气、格调，有多大担当才能干多大事业。"[1] 敢于担当，

[1]　习近平. 习近平谈治国理政［M］. 北京：外文出版社，2014：415.

就是必须坚持原则、认真负责，面对大是大非敢于亮剑，面对矛盾敢于迎难而上。"无私才能无畏，无私才敢担当。'心底无私天地宽。'担当就是责任，好干部必须有责任重于泰山的意识，坚持党的原则第一、党的事业第一、人民利益第一，敢于旗帜鲜明，敢于较真碰硬，对工作任劳任怨、尽心竭力、善始善终、善作善成。'疾风识劲草，烈火见真金。'为了党和人民事业，我们的干部要敢想、敢做、敢当，做我们时代的劲草、真金。"[1]

毛泽东在长征期间写下的《十六字令三首》充分展示了中国共产党人勇担历史使命的豪情壮志："山，快马加鞭未下鞍。惊回首，离天三尺三。山，倒海翻江卷巨澜。奔腾急，万马战犹酣。山，刺破青天锷未残。天欲堕，赖以拄其间。"中国共产党人就是挺立在天地之间的一座大山，每到民族危难时刻，每到人民困厄之时，共产党人就会挺身而出，成为民族的脊梁，成为国家的栋梁，也成为人民的靠山，这就是中国共产党人的担当精神。

（二）摒弃骄娇二气

习近平总书记在河南安阳考察时指出，年轻一代要继承和发扬吃苦耐劳、自力更生、艰苦奋斗的精神，摒弃骄娇二气，像我们的父辈一样把青春热血镌刻在历史的丰碑上。

---

[1] 习近平. 习近平谈治国理政［M］. 北京：外文出版社，2014：416.

骄娇二气的"骄气"指在巨大成就面前放松对主观世界的改造，骄傲自满，自高自大，沾沾自喜，在成绩面前飘飘然。人有了成绩和资本，就会逐渐脱离群众，贪图享受，丢掉艰苦奋斗、艰苦朴素的革命精神。

"骄气"产生的前提是取得的成就。毛泽东对此有清醒的认识，1949 年，在革命即将胜利时召开的党的七届二中全会上，毛泽东严肃指出："因为胜利，党内的骄傲情绪，以功臣自居的情绪，停顿起来不求进步的情绪，贪图享乐不愿再过艰苦生活的情绪，可能生长。"[1] 因此，毛泽东向全党发出了"两个务必"的号召："务必使同志们继续地保持谦虚、谨慎、不骄、不躁的作风，务必使同志们继续地保持艰苦奋斗的作风。"[2]

中华人民共和国成立之后，短短的 7 年时间，实现了国民经济稳定、社会稳定，并且在抗美援朝的背景下完成了"一化三改"，由新民主主义社会成功过渡到社会主义社会，确立了社会主义制度，实现了改天换地的历史性转变，其标志就是中共八大的召开。面对如此巨大的成就，毛泽东依然保持头脑清醒，在党的八大开幕词中，毛泽东郑重提醒全党："即使我们的工作得到

---

[1] 毛泽东. 毛泽东选集：第四卷 [M]. 北京：人民出版社，1991：1438.

[2] 毛泽东. 毛泽东选集：第四卷 [M]. 北京：人民出版社，1991：1438-1439.

了极其伟大的成绩，也没有任何值得骄傲自大的理由。虚心使人进步，骄傲使人落后，我们应当永远记住这个真理。"[1]

习近平总书记在党的二十大报告中深刻阐述了新时代十年伟大变革所取得的历史性成就、发生的历史性变革，同时向全党发出了"三个务必"的号召："全党同志务必不忘初心、牢记使命，务必谦虚谨慎、艰苦奋斗，务必敢于斗争、善于斗争，坚定历史自信，增强历史主动，谱写新时代中国特色社会主义更加绚丽的华章。"[2] 习近平总书记强调，党员干部特别是领导干部要发扬历史主动精神，在机遇面前主动出击，不犹豫、不观望；在困难面前迎难而上，不推诿、不逃避；在风险面前积极应对，不畏缩、不躲闪。"拥有马克思主义科学理论指导是我们党坚定信仰信念、把握历史主动的根本所在。"[3]

骄娇二气的"娇气"指躺在前人的功劳簿上，不思进取，缺乏艰苦奋斗精神，满足于眼前的一切，对于生存的现状和前人打下的基础心安理得。"骄气"主要指的是创业时期的奋斗者因为取得了较大的成绩而心存满足，躺在自己的功劳簿上。"娇气"

---

[1] 中共中央文献研究室. 毛泽东文集：第七卷 [M]. 北京：人民出版社，1999：117.

[2] 习近平. 习近平著作选读：第一卷 [M]. 北京：人民出版社，2023：1-2.

[3] 习近平. 习近平著作选读：第一卷 [M]. 北京：人民出版社，2023：14.

则主要指当下的一代人在前一代人创业的基础上丧失了前进的动力和斗志。须知创业难，守业更难，取得更辉煌的成就则是难上加难。如果满足于前人为我们准备的深厚基础而裹足不前，则有可能连眼前的基业也难以守住。

从"骄"到"娇"，充分表明了加强理想信念教育、常态化长效化推进党史学习教育的必要性和紧迫性；也是为了要让年轻一代全面系统学习领会中国共产党百年奋斗的光辉历程和宝贵经验，深刻领会一代又一代共产党人一脉相承、接续奋斗的历史伟业，珍惜来之不易的幸福生活，激发昂扬向上的奋斗精神。

1946 年 1 月，毛泽东致信仍在苏联学习的毛岸青："希望你在那里继续学习，将来学成回国，好为人民服务。"1946 年春，毛岸英从苏联回到延安，在父子久别重逢的情形下，毛泽东首先考虑的是让毛岸英到社会实践中去锻炼。他对毛岸英说："岸英，你在苏联长大，国内的生活你不熟悉。你在苏联的大学读书，住的是洋学堂，我们中国还有个学堂，这就是农业大学、劳动大学。""过些时，我替你找个校长，住劳动大学去。"不久，毛泽东便给毛岸英找来了"校长"——边区劳模吴满有。

临行时，毛泽东教导毛岸英："你要和乡亲们同吃、同住、同劳动，要从开荒干起，一直到收获。这样你就会切身感受到劳作的艰辛，懂得了劳动人民的伟大。"

中华人民共和国成立后，毛泽东又先后安排没有农村劳动经历的大女婿孔令华和小女儿李讷分别到北京郊区黄土岗公社、井冈山中央办公厅"五七干校"参加劳动锻炼。

（三）发扬斗争精神

党的十八大以来，习近平总书记多次强调我们正在进行具有许多新的历史特点的伟大斗争，要统揽推进伟大斗争、伟大工程、伟大事业、伟大梦想。没有伟大斗争精神，就难以深入推进新时代党的建设新的伟大工程，难以干成新时代党的新的伟大事业，难以实现中华民族伟大复兴的中国梦。也就是说，敢不敢斗争、善于不善于斗争是决定事业成败的关键因素。我们要传承弘扬延安精神和红旗渠精神，敢于斗争，善于团结，坚定斗争意志，增强斗争本领，依靠顽强斗争开辟事业发展新天地。

斗争不仅是争取团结和发展的前提，更是处理各种复杂矛盾的艺术。我们每天都要面对各种各样的矛盾和斗争，这是绝对的、无条件的。但我们要分析不同的矛盾性质而采取不同的解决矛盾的方法，如该矛盾是主要矛盾还是次要矛盾，是矛盾的主要方面还是矛盾的次要方面，是对抗性的矛盾还是非对抗性的矛盾。这就是斗争的艺术，也是马克思主义的活的灵魂和本质——具体问题具体分析。

斗争一方面要求我们丢掉幻想，坚定立场，另一方面我们也不是为了斗争而斗争，而是通过斗争解决我们面临的各种矛盾和问题，在斗争中化解矛盾，在对立中实现统一。

1939 年 11 月 14 日，毛泽东在陕甘宁边区第二次党代表大会上的政治报告中指出了斗争与团结的辩证关系："我们的团结是有条件的。""假使把你的头割掉了，还讲什么团结啦？""所以我们讲团结，在必要斗争的时候我们还要斗争，有了斗争也就会有团结。"

毛泽东提出了"坚持抗战，反对投降；坚持团结，反对分裂；坚持进步，反对倒退"的基本原则和"人不犯我，我不犯人，人若犯我，我必犯人""发展进步势力，争取中间势力，孤立顽固势力"的策略方针。所以，毛泽东关于斗争的思想可以概括为"以斗争求团结则团结存，以退让求团结则团结亡"，这就是斗争与团结的辩证法。

在延安时期，我们的斗争精神不仅体现在与日本帝国主义的斗争、与蒋介石国民党政权的斗争，同时还包含了在极端恶劣条件下发挥主观能动性与自然的斗争，成功开展了大生产运动。当然，这其中最重要的还是与自我的斗争。通过批评与自我批评，通过延安整风，通过思想教育、思想斗争，不断提高理论水平和思想水平，实现更高水平上的思想统一、行动统一。

党的十八大以来，习近平总书记之所以多次强调发扬斗争精神，是因为新时代改革发展稳定面临一系列重大矛盾和风险挑战，统筹中华民族伟大复兴战略全局和世界百年未有之大变局面临一系列不确定的因素。习近平总书记指出："我们的事业越前进、越发展，新情况新问题就会越多，面临的风险和挑战就会越多，面对的不可预料的事情就会越多。"

当前我们面临的风险主要聚焦在十个方面：政治安全风险、意识形态安全风险、经济发展风险、科技安全风险、社会稳定风险、生态安全风险、生物安全风险、外部环境风险、党的建设面临的风险和重大公共卫生风险等。

当前，我国面临的战略机遇和风险挑战并存，不能只讲机遇不讲风险，也不能只讲风险不讲机遇。我们更应该保持头脑清醒，认识到我们不可能一直处于机遇大于挑战的有利环境，还有可能会面对挑战大于机遇的不利环境。

我们要做好充分准备，依靠制度优势应对各种风险挑战冲击，化解风高浪急甚至惊涛骇浪的风险挑战，化危为机，化险为夷，转危为安。当前我们要做好至少五个方面的斗争准备。一是外交斗争。面对国际局势急剧变化，我们发扬斗争精神，展示不畏强权的坚定意志，在斗争中维护国家尊严和核心利益。敢于斗争已经成为新时代中国外交的鲜明品格。二是扫黑除恶专项斗争。坚持人民利益至上，推进扫黑除恶专项斗争常态化。三是反腐败斗争。坚决打赢反腐败斗争攻坚战持久战。要开展反腐败斗争重点领域攻坚克难，要把严的主基调长期坚持下去，并持续释放越往后越严的强烈信号。四是军事斗争。牢固树立战斗力这个唯一的根本的标准，坚决把全军工作重心归正到备战打仗上来，统筹加强各方向各领域军事斗争，重整行装再出发。五是加强干部斗争精神和斗争本领养成。一些党员、干部缺乏担当精神，斗争本领不强，实干精神不足，形式主义、官僚主义现象仍较突出。要注重在重大斗争中磨砺干部、识别干部，增强干部推动高质量发展本领、服务群众本领、防范化解风险本领。加强干部斗争精神和斗争本领养成，着力增强干部防风险、攻难关、迎挑战、抗打压的能力。

第二章　延安整风：解决思想根子问题

2019 年 5 月 31 日，习近平总书记在"不忘初心、牢记使命"主题教育工作会议上指出："党内存在的一些突出问题，从根源上说都是思想上的问题。从延安整风运动以来，我们党开展历次集中性教育活动，都是以思想教育打头。开展这次主题教育，要强化理论武装，聚焦解决思想根子问题。"[1]

我们党开展的集中性教育活动包括党的十八大以来开展的七次集中性教育活动，其源头和范例就是延安整风。毛泽东创造了延安整风这种思想教育的方式，极为有效、十分管用。

延安整风就是以思想教育打头，解决思想根子问题。其规定动作主要包括学习文件、调查研究、批评与自我批评、自我反省、

---

[1]　习近平. 习近平谈治国理政：第三卷［M］. 北京：外文出版社，2020：526.

整改落实这几个步骤。今天的集中性教育活动仍沿用了延安整风这种行之有效的方式。

教育有清晰的目的，即团结，全党团结得像一个和睦的家庭，坚强得像一块钢铁。毛泽东认为，"党内不同思想的对立和斗争是经常发生的"，因为"这是社会的阶级矛盾和新旧事物的矛盾在党内的反映"，而"党内如果没有矛盾和解决矛盾的思想斗争，党的生命也就停止了"。另一方面，"任何政党，任何个人，错误总是难免的""犯了错误则要求改正，改正得越迅速，越彻底，越好"。

如何解决这些客观存在的矛盾和错误？毛泽东给出了答案，那就是"我们有批评和自我批评这个马克思列宁主义的武器"。他指出，"我们的武器就是批评与自我批评，干部间，官兵间，军民间，将问题摆出来，开展批评与自我批评，就可以把错误的东西清除掉，就能真正地团结了"。

1942年5月，毛泽东在延安文艺座谈会上的讲话中曾指出，"必须对于自己工作的缺点错误有完全诚意的自我批评，决心改正这些缺点错误。共产党人的自我批评方法，就是这样采取的"。毛泽东指出，党内批评的主要任务，"是指出政治上的错误和组织上的错误""至于个人缺点，如果不是与政治的和组织的错误有联系，则不必多所指摘，使同志们无所措手足。而且这种批评一发展，党内精神完全集注到小的缺点方面，人人变成了谨小慎微的君子，就会忘记党的政治任务，这是很大的危险"。

思想路线决定政治路线，进而决定组织路线和军事路线。任何革命理论、原则的实行，都必须同当时当地的实际情况相结合。"思想路线"的概念来自毛泽东在 1930 年 5 月发表的《反对本本主义》。"那些具有一成不变的保守的形式的空洞乐观的头脑的同志们，以为现在的斗争策略已经是再好没有了，党的第六次全国代表大会的'本本'保障了永久的胜利，只要遵守既定办法就无往而不胜利。这些想法是完全错误的，完全不是共产党人从斗争中创造新局面的思想路线，完全是一种保守路线。"[1]

"教条主义之所以错误，就因为它不问实际情况，完全从本本出发，生搬硬套；政治路线错了，组织路线也必然是错误的，政治上搞'左'倾机会主义，必然在组织上搞宗派主义。"[2] 通过延安整风，达到团结的目的，在此基础上，才能制定符合思想路线的政治路线。而政治路线确定之后，干部（包括政治干部和军事干部）就成为执行政治路线的关键因素。要把坚决执行党的政治路线的干部放在重要位置上，确保在组织上保证党的政治路线的贯彻落实。思想上更加统一才能保证政治上更加团结，政治

---

[1] 毛泽东. 毛泽东选集：第一卷 [M]. 北京：人民出版社，1991：115-116.

[2] 习仲勋. 红日照亮了陕甘高原 [N]. 人民日报，1978-12-20 (2).

上更加团结才能保证行动上更加一致。如果没有真理标准大讨论推动的思想解放，重新确立党的实事求是的思想路线，就没有后来的"一个中心、两个基本点"的政治路线，就没有在此政治路线指导下形成的组织路线以及各种政策与策略。

一、延安整风的历史背景和历史条件

延安整风的历史背景，即毛泽东为什么开展延安整风，也就是延安整风的起因。延安整风的历史条件，即毛泽东为什么能够开展延安整风，也就是延安整风的条件和基础。

（一）延安整风的历史背景

延安整风最主要的目的就是促进全党思想统一，解决思想路线问题，解决思想根子问题。而在此之前，全党的思想是不够统一的，还存在以下几个方面的问题。

一是全党对"左"倾教条主义的认识有分歧。1935 年 1 月，遵义会议召开。在这次会议上博古在中央的领导宣告结束，毛泽东重新进入中央领导核心，这也挽救了党，挽救了红军，挽救了中国革命。遵义会议是中共历史上的一次重大转折，也是毛泽东个人命运的重大转折。毛泽东后来讲过，宁都会议后，啥人也不理我，就剩我一个孤家寡人。我说，有一个菩萨，本来很灵，但被扔到茅坑里去，搞得很臭。后来，在长征中间，我们举行了一次会议，叫遵义会议，我这个臭的菩萨，才开始香了起来。

不过遵义会议虽然是一次伟大的转折，但还是留下了一个尾巴没有解决。因为遵义会议只解决了军事路线问题，而没有解决政治路线问题。其实在这之前的政治路线和军事路线都是有问题的，但是为什么只解决军事路线问题呢？而且《遵义会议决议》仍然肯定了"党中央的政治路线无疑义的是正确的"[1]。

李维汉曾经分析过："我认为这有两方面的原因：一是党内思想还不一致，条件还不成熟，多数同志还没有认识到其政治路线也是错误的；再就是鉴于紧迫的战争环境，因此，毛泽东等同志没有提出这个问题。"李维汉还评价说，"这样做是非常正确的，因为当时是处在没有根据地，敌人前堵后追的战争环境中，战争的胜负是决定革命成败的主要问题。这时，如果提出王明等人的政治路线也是错误的，会使党内受到过分的震动，引起大的争论，对打仗非常不利。政治路线问题可以留待以后讨论。这样做对于保持党的团结和统一，争取长征的胜利，有重大的意义。"[2]

毛泽东认为，"左"倾教条主义的错误路线虽然号称国际路线，但却是照搬照抄，没有结合中国的实际，是教条主义，是错

---

[1]　中共中央党史资料征集委员会，中央档案馆. 遵义会议文献［M］. 北京：人民出版社，1985：4.

[2]　李维汉. 回忆与研究：上册［M］. 北京：中共党史资料出版社，1986：355.

的。为了不再重蹈覆辙，犯同样的错误，需要在全党开展一次整风，彻底解决思想路线问题。"总而言之，一定要干到底，一定要整顿三风，来一个彻底的思想转变。"[1] 从根子上解决问题，即要想解决政治路线问题，先要解决思想路线问题。

二是全民族抗战初期出现的右倾错误一度引起党内思想混乱，甚至出现了宗派主义的苗头。全民族抗战初期党内出现的向国民党作无原则让步的思想，越来越系统化，这就在党内造成了很大的思想混乱，对我们党在全民族抗战初期的形势也产生了非常不利的影响。要想从根本上解决这个问题，抵制右倾错误的影响，必须开展整风运动，解决思想路线问题。这个时候，还出现了一些宗派主义的苗头。就像周恩来说的那样，王明的右倾错误对很多地方都有影响。

针对这个问题，毛泽东在 1938 年六届六中全会上提出"四个服从"：个人服从组织、少数服从多数、下级服从上级、全党服从中央。毛泽东还强调这是"四项最重要的纪律""谁破坏了这些纪律，谁就破坏了党的统一"。宗派主义和教条主义一样，在党内也是根深蒂固的，很难通过一个决定就完全根除。甚至到了1942 年 2 月，毛泽东还指出："在一部分同志中，确实还有宗派

---

[1] 中共中央文献研究室. 毛泽东文集：第二卷 [M]. 北京：人民出版社，1993：414.

主义的倾向，有些人并且很严重。"[1] 也就是说，从 1938 年提出"四个服从"来解决宗派主义问题，到了 1942 年这个问题还没有真正解决，并且还很严重。这就说明，要想彻底根除宗派主义，还是要开展整风运动。

习仲勋曾这样阐述关中特委时期党的统一战线工作："西安事变和平解决、国共合作后，党中央、毛主席十分注意陕甘宁边区的巩固和建设。首先纠正了王明的'一切经过统一战线'，把领导权拱手让给蒋介石的错误，克服了当时边区党委的某些领导人在统一战线工作中采取的机会主义立场，粉碎了国民党的磨擦、蚕食等破坏阴谋，使根据地日益巩固。同时还开展了政治、经济、军事、文化教育等方面的建设，使陕甘宁边区成为全国的模范抗日民主根据地，由此成为中央红军长征的落脚点，又成为夺取全国胜利的出发点。延安成为革命的大本营和闻名中外的革命圣地。"[2]

三是全民族抗战初期党员数量的迅猛增加带来一些思想不一致的问题。教条主义和宗派主义这两个问题主要存在于党内高层，但基层的问题也不容忽视。1937 年 7 月全民族抗战爆发前我党只

---

[1] 毛泽东. 毛泽东选集：第三卷 [M]. 北京：人民出版社，1991：825.

[2] 《习仲勋传》编委会. 习仲勋传：上卷 [M]. 北京：中央文献出版社，2013：251.

有 4 万名党员，到了 1940 年 7 月，已经增长到 80 万名，短短 3 年增至 20 倍。虽然党的队伍壮大了，但也带来了一些问题，即只重"量"，不重"质"，数量上去了，质量却下来了，党的纯洁性受到了极大的挑战。"但是缺点也就跟着来了。这即是有许多地主分子、富农分子和流氓分子乘机混进了我们的党。他们在农村中把持许多党的、政府的和民众团体的组织，作威作福，欺压人民，歪曲党的政策，使这些组织脱离群众，使土地改革不能彻底。"[1]

当时的中共北方局书记杨尚昆曾说："华北党在大量发展中，一般的现象，都是追逐数目字，只重量，不重质……如有一夜发展 40 个党员的，有 3 分钟发展 5 个党员的……什么奇形怪状都有。"[2] 由此可见，随着党员数量的迅猛增加，一系列的问题也随之而来。这就引起了中共中央的重视。

1939 年 8 月，中共中央政治局通过了《中共中央政治局关于巩固党的决定》，其中说道："因为在短时期内党得着了猛烈的发展，所以党的组织很不巩固，在征收新党员的工作中是有严重的错误与缺点存在的。""党的发展一般的应当停止，而以整理紧缩

---

[1]　毛泽东. 毛泽东选集：第四卷［M］. 北京：人民出版社，1991：1252-1253.

[2]　中共河北省委党史研究室，中共邯郸市委党史研究室. 八路军一二九师暨晋冀鲁豫革命根据地经济建设史料汇编与研究：第一辑［M］. 石家庄：河北人民出版社，2019：326.

严密和巩固党的组织工作为今后一定时期的中心任务。"

在这个指示下，全国各地的党组织开展了清理整顿。在这之后，党员增长速度开始放缓。经过清理整顿，党员队伍变得纯洁。但这次主要是组织上的整顿，而对思想教育没有太多的涉及，还是没有解决思想根子问题。

以上三个方面的问题，归根到底都与教条主义有关系。所以，毛泽东发动延安整风，最主要的目的就是反对教条主义。1943年，毛泽东这样解释过："我党近年的整风运动，反对主观主义、宗派主义和党八股这些不好的东西，就正是为了使中国共产党更加民族化，更加适合抗战建国的需要。"[1]"中国共产党更加民族化"就是指把马克思主义中国化，反对教条主义。

（二）延安整风的历史条件

在军事上，这一时期抗战已经进入相持阶段，局势相对平稳，特别是党中央所在地陕甘宁边区的形势比较稳定，这就为党集中时间对大批干部进行整风提供了客观条件。

在政治上，党确立了一条正确的政治路线。1935年12月，瓦窑堡会议制定了建立抗日民族统一战线的策略方针。1937年8月，洛川会议确立了抗日民族统一战线中的独立自主原则：既要

---

[1]　中共中央文献研究室. 毛泽东文集：第三卷 [M]. 北京：人民出版社，1996：22.

建立统一战线，又要坚持独立自主。这是一条正确的政治路线。

在理论上、组织上也形成了一系列有利于开展延安整风的条件。

在理论上，毛泽东思想逐渐成熟。习近平总书记指出："延安革命旧址见证了我们党在延安时期领导中国革命、探索马克思主义中国化时代化的光辉历程，是一本永远读不完的书，每次来都温故而知新，受到深刻教育和启示。"延安时期是毛泽东创作的高峰时期，几乎每一年都有鸿篇巨制问世，而且内容涉及哲学、军事、政治等方面，这标志着毛泽东思想逐渐形成、成熟，为发动延安整风作了充分的理论准备。如 1935 年的《论反对日本帝国主义的策略》、1936 年的《中国革命的战略问题》、1937 年的《实践论》与《矛盾论》、1938 年的《论持久战》《论新阶段》、1939 年的《〈共产党人〉发刊词》《中国革命和中国共产党》、1940 年的《新民主主义论》等。其中，《实践论》与《矛盾论》即著名的哲学"两论"，《论持久战》《论新阶段》《新民主主义论》即著名的军事政治"三论"。

1980 年 3 月 19 日，邓小平在同中央负责同志的谈话中指出："延安时期那一段，可以说是毛泽东思想比较完整地形成起来的一段。毛泽东思想中关于新民主主义革命的理论，包括党的建设的理论和处理党内关系的原则，在延安整风前后，都比较完整地形成了。"[1]

1938 年党的六届六中全会上，毛泽东首次向全党发出"来一个全党的学习竞赛"的口号，他说："看谁真正地学到了一点东西，看谁学的更多一点，更好一点。"毛泽东强调，"马克思这些老祖宗的书，必须读，他们的基本原理必须遵守，这是第一"，但是，"任何国家的共产党，任何国家的思想界，都要创造新的理论，写出新的著作，产生自己的理论家，来为当前的政治服务，单靠老祖宗是不行的"[2]。

毛泽东思想不仅是指导中国革命走向胜利的行动指南，而且对于社会主义革命和建设包括改革开放和社会主义现代化建设、全面深化改革都具有重大指导意义。

在组织上，毛泽东的领袖地位最终确立。在这个过程中，有两件标志性的大事。第一件大事是 1938 年 9 月的六届六中全会。1945 年 6 月 10 日，毛泽东在中国共产党第七次全国代表大会上将六届六中全会与遵义会议相提并论，称其为党史上"两个重要关键的会议"："大家学习党史，学习路线，知道中国共产党历史上有两个重要关键的会议。一次是一九三五年一月的遵义会议，

---

[1]　邓小平. 邓小平文选：第二卷 [M]. 北京：人民出版社，1994：292.

[2]　中共中央文献研究室. 毛泽东文集：第八卷 [M]. 北京：人民出版社，1996：109.

一次是一九三八年的六中全会。"[1] 第二件大事是 1941 年 9 月的政治局扩大会议。1938 年，王稼祥带回共产国际的指示，承认毛泽东是中共领袖。但共产国际执行委员会总书记季米特洛夫同时也指示王稼祥转告全党，现在不要花太多的时间去讨论过去十年内战时期的路线问题。所以，六届六中全会只是确立了毛泽东的领袖地位，并没有彻底解决思想路线问题。这在毛泽东看来是不够的，他认为思想路线问题必须解决，要不然教条主义者还是有可能卷土重来的。但是因为季米特洛夫刚刚有这么一个不让讨论过去历史问题的指示，所以他不得不暂时忍耐下来。但他一直都在等待时机，到 1941 年，机会终于来了。

1941 年 6 月，希特勒进攻苏联，苏联开始卫国战争，已经顾不上中共内部事务了。这一年 9 月，中共中央召开政治局扩大会议，专门讨论过去十年内战时期的路线问题。毛泽东首先作了报告，严厉批评了当年的"左"倾错误。他指出："苏维埃运动后期的主观主义表现更严重，它的形态更完备，统治时间更长久，结果更悲惨。这是因为这些主观主义者自称为'国际路线'，穿上马克思主义的外衣，是假马克思主义。"[2] 他同时还指出："六

---

[1] 中共中央文献研究室. 毛泽东文集：第三卷 [M]. 北京：人民出版社，1996：424.

[2] 中共中央文献研究室. 毛泽东文集：第二卷 [M]. 北京：人民出版社，1993：372.

中全会对主观主义作了斗争，但有一部分同志还存在着主观主义，主要表现在延安的各种工作中。"[1]

二、延安整风的过程

延安整风共分为思想动员、整顿三风、总结历史经验三个阶段，这是就全党范围而言的。

（一）思想动员阶段

时间从 1942 年 2 月至 4 月，大概两个月。1942 年 2 月 1 日，在中央党校开学典礼上，毛泽东作了《整顿学风党风文风》的报告。

这篇报告后来在收入《毛泽东选集》时题目改为《整顿党的作风》。毛泽东为什么选择在中央党校来作整风动员报告呢？主要是因为中央党校集中了一大批党的中、高级干部，而毛泽东对党校在整风之前的状况是不满意的。因为当时中央党校学员学习的课程主要是马列的东西。在毛泽东看来，马列的经典是要学的，但仅仅学这些是不够的，必须结合中国的实际。

毛泽东认为，应该重点学中共党史："研究中共党史，应该以中国做中心，把屁股坐在中国身上。世界的资本主义、社会主

---

［1］ 中共中央文献研究室. 毛泽东文集：第二卷 ［M］. 北京：人民出版社，1993：373.

义，我们也必须研究，但是要和研究中共党史的关系弄清楚，就是要看你的屁股坐在哪一边，如果是完全坐在外国那边去就不是研究中共党史了。"[1]

当时的许多人的屁股其实是坐在了外国的那一边，教条主义的堡垒必须首先攻破。因此，毛泽东在 1942 年 2 月改组了中央党校，并亲自在开学典礼上作了整风动员报告。一个星期以后即 1942 年 2 月 8 日，在一个宣传干部会议上，毛泽东又作了《反对党八股》的报告，专门提出整顿文风的任务。《整顿学风党风文风》的报告主要谈的是整顿学风和党风的问题，对文风的整顿没有展开。以《整顿学风党风文风》和《反对党八股》这两个报告为标志，延安整风运动在全党范围内开展起来。

延安时期的中央党校是党的事业的重要组成部分，从一定意义上说，中央党校也参与了延安精神的谱写。毛泽东同志指出："我们办党校，就是要使我们同志的政治水平和理论水平提高一步，使我们党更加统一。"

延安时期，中央党校常规班次培养各类骨干上万人，党中央集中各根据地、各方面大批领导干部到中央党校学习培训，党的七大代表、候补代表中曾经在中央党校学习工作过的人员有 486

---

[1] 中共中央文献研究室. 毛泽东文集：第二卷 [M]. 北京：人民出版社，1993：407.

人，占全部代表的 65％。

延安时期，中央党校成为全党整风运动的"大本营"，集中各根据地及各方面的大批领导骨干，组织学习整风文件，总结历史经验，提高思想认识，推动实现了全党的空前团结和统一。

毛泽东同志曾在党的七大上作结论报告时讲："中央在这里，党校在这里，七大在这里开，这个问题解决了，中华民族就胜利了。"[1] 这就充分肯定了中央党校在中国革命中的重要地位和作用。

延安时期，毛泽东同志兼任中央党校校长 4 年时间，他为中央党校题写的"实事求是"校训塑造了党校的基本品格。毛泽东同志在中央党校发表了《改造我们的学习》《整顿党的作风》《反对党八股》三篇讲演，成为延安整风的基本文献。

（二）整顿三风阶段

这个阶段是延安整风的主体阶段，从 1942 年 4 月到 1943 年 10 月，大约一年半的时间，主要内容是反对主观主义以整顿学风、反对宗派主义以整顿党风、反对党八股以整顿文风。

整顿"三风"源自毛泽东 1942 年 2 月《整顿党的作风》的讲演，这是毛泽东正式提出"党风"的概念。从 1942 年 10 月 19

---

[1] 中共中央文献研究室. 毛泽东文集：第三卷 [M]. 北京：人民出版社，1996：409.

日开始，中共中央西北局召开了一次为期 88 天的高级干部会议，又称为陕甘宁边区高级干部会议，这次会议被毛泽东称为"应该是整风学习的考试"的重要会议。

代表党中央指导会议的任弼时说："这次大会也可以说是一次党性测验的大会。"任弼时同时指出："在九一八以后一直到遵义会议这一个时期内，党中央的政治路线是错误的。在党的领导中，主观主义、宗派主义、党八股是占了统治地位。那个时候的错误路线的性质是一种'左'倾机会主义的路线，它比陈独秀的机会主义以及李立三的盲动主义所造成的恶果还要更大。如果用数字来表示，就是苏区的工作损失了十分之九，白区的工作几乎损失了十分之十。"[1]

一是反对主观主义以整顿学风。主观主义包括教条主义和经验主义。毛泽东非常痛恨主观主义特别是教条主义，他指出："许多马克思列宁主义的学者也是言必称希腊，对于自己的祖宗，则对不住，忘记了。"[2]"我们有些同志有个毛病，就是一切以外国为中心，作留声机，机械地生吞活剥地把外国的东西搬到中国

---

[1]《习仲勋传》编委会. 习仲勋传：上卷 [M]. 北京：中央文献出版社，2013：332-333.

[2] 毛泽东. 毛泽东选集：第三卷 [M]. 北京：人民出版社，1991：797.

来，不研究中国的特点。"[1] 由此可见，毛泽东很早就提出了反对西方中心论的思想。即使是马克思列宁主义也是不能照搬的。他讽刺那些教条主义者："我们老爷是一条最可怜的小虫，任何世事一窍不通，只知牛头不对马嘴地搬运马克思、列宁、斯大林，搬运共产国际。""结果不但碰破了自己的脑壳，并引导一群人也碰破了脑壳。"[2]

同时，毛泽东也对党校的学员提出了要求："我们党校的同志不应当把马克思主义的理论当成死的教条。""现在我们的党校也要定这个规矩，看一个学生学了马克思列宁主义以后怎样看中国问题，有看得清楚的，有看不清楚的，有会看的，有不会看的，这样来分优劣，分好坏。"[3]

毛泽东的指示得到了积极的贯彻落实。1942 年 4 月 1 日，《解放日报》发表了一篇报道，题目是《中央党校再度改组告竣，确定新教育计划》，报道指出："再度改组的目的，据负责中央党校政治教育的彭真同志谈，'是使党校教育能完全吻合毛主席整顿三风的精神'。""教育内容将以辛亥革命至今的中国历史为基

---

[1] 中共中央文献研究室. 毛泽东文集：第二卷 [M]. 北京：人民出版社，1993：407.

[2] 中共中央文献研究室. 毛泽东文集：第二卷 [M]. 北京：人民出版社，1993：344.

[3] 毛泽东. 毛泽东选集：第三卷 [M]. 北京：人民出版社，1991：815.

础，以马列主义的思想方法，了解中国革命的基本问题……先从中国革命的实际问题中学习掌握马列主义的思想方法，再吸取中国以外的东西。"

二是整顿宗派主义以整顿党风。宗派主义简单来说就是拉帮结派，搞团团伙伙。因为历史的原因，我们党在历史上曾存在着一些山头和宗派。为了解决这个问题，1942 年 2 月 1 日，毛泽东在中央党校开学典礼上讲道："我们党校的学生一定要注意这个问题。我们一定要建设一个集中的统一的党，一切无原则的派别斗争，都要清除干净。要使我们全党的步调整齐一致，为一个共同目标而奋斗，我们一定要反对个人主义和宗派主义。"[1]

1942 年 9 月 1 日，中共中央政治局通过了《关于统一抗日根据地党的领导及调整各组织间关系的决定》（简称《决定》）。《决定》明确规定："在某些地区，还存在着一些不协调的现象。例如，统一精神不足，步伐不齐，各自为政……"所以，要加强党的领导一元化。这就是党的一元化领导的来源。《决定》还指出："下级党政军民组织对上级及中央之决议、决定、命令、指示，不坚决执行，阳奉阴违，或在解决新的原则问题及按其性质不应独断的问题时，不向上级和中央请示，都是党性不纯与破坏

[1]　毛泽东. 毛泽东选集：第三卷［M］. 北京：人民出版社，1991：822.

统一的表现。"

2015 年 12 月 11 日，习近平总书记在全国党校工作会议上的讲话中指出："延安整风运动之前，包括党校在内的干部学校理论与实际、学与用脱节，主观主义和教条主义严重，由此出现同以毛泽东同志为代表的中央路线有偏差、看不齐的问题，毛泽东同志在《改造我们的学习》一文中批评了这种现象，但没有引起注意。1943 年 9 月，毛主席再次说：'一九四一年五月，我作《改造我们的学习》的报告，毫无影响。'正是由于存在着不看齐、看不齐现象，1942 年 2 月 28 日和 3 月底，中央党校两次改组，决定由毛主席直接领导中央党校工作，以彻底改变中央党校不适应党的事业发展的那些做法。"[1]

三是反对党八股以整顿文风。毛泽东的文风生动活泼，个性鲜明，一点八股气都没有，是很值得我们学习的。值得一提的是，在整顿三风阶段，主要采用了什么办法和步骤呢？主要有：认真学习文件，进行调查研究，联系个人思想和工作，自我反省，开展批评与自我批评，增强党性，改进工作。这些"规定动作"在实践中行之有效，党的十八大以来的历次集中性教育活动，也是按照这些规定动作开展的。延安整风对学习抓得很紧，在整风开始后不久，中央成立了中央总学习委员会，简称"总学委"，由

---

[1] 习近平. 在全国党校工作会议上的讲话 [J]. 求是，2016（9）.

毛泽东亲自担任主任，各单位也都成立了学习分委员会。

（三）总结历史经验阶段

从 1943 年 10 月到 1945 年 4 月，大约一年半时间。在这个阶段，大家主要围绕历史上的路线问题进行讨论。经过讨论，大家澄清了很多错误认识。

1944 年 5 月到 1945 年 4 月，中央召开了六届七中全会，前后整整开了 11 个月，这在中共历史上是空前的。会议经过反复讨论和修改，最终通过了《关于若干历史问题的决议》，它是我们党的历史上第一个历史决议。

六届七中全会的召开和《关于若干历史问题的决议》的通过，统一了全党的思想。延安整风的最大历史贡献，就是全党在思想上、政治上、组织上达到了空前的团结统一。

延安整风是从学党史开始的，讨论党史问题，又是以通过了中国共产党历史上第一个历史决议而结束的，始终贯穿着学习党史、研究党史这条主线。当时，有一个叫王世杰的国民党高官，他曾担任过国民党的教育部部长、宣传部部长、外交部部长和国共谈判代表，对共产党非常了解。他曾经问周恩来：“你们怎么拿那么长的时间来作历史总结？这在国民党是不会这样搞的。普通的政党都不会这样搞。”[1]

---

[1]　胡乔木. 胡乔木回忆毛泽东［M］. 北京：人民出版社，1994：10.

这其实是中国共产党的特色，正如毛泽东后来指出的："如果不把党的历史搞清楚，不把党在历史上所走的路搞清楚，便不能把事情办得更好。"[1] 只有学习和研究党史，才能解决思想根子问题。特别是毛泽东在这期间亲自主编了几部党史资料汇编，如《六大以来》《六大以前》等，在延安整风中发挥了重要作用。"党书一出许多同志解除武装，才可能召开一九四一年九月会议，大家才承认十年内战后期中央领导的错误是路线错误。"[2]

三、延安整风的深远影响

经过延安整风，全党的马克思主义理论水平大大提高，毛泽东思想在全党的指导地位、毛泽东的领袖地位得以确立，为夺取革命全面胜利奠定了最坚实的政治基础和思想基础。经过延安整风，全党在思想上、政治上、组织上实现了深刻的洗礼和根本的转变。党的七大上实现了毛泽东提出的"向中央基准看齐"，达到了"两个空前"：全党空前一致地认识到了毛泽东路线的正确性，空前自觉地团结在毛泽东的旗帜下。同时，延安整风开创了以整风进行党的思想建设的方法，对深入推进新时代党的建设新

---

[1]　中共中央文献研究室. 毛泽东文集：第二卷［M］. 北京：人民出版社，1993：399.

[2]　中共中央党史和文献研究室. 毛泽东年谱：第二卷［M］. 北京：中央文献出版社，2023：470-471.

的伟大工程具有极为重大的实践价值。

（一）确立了毛泽东思想的指导地位、毛泽东的领袖地位

在延安整风之前，我们党的理论领域长期被教条主义垄断。在当时毛泽东尽管被承认是个军事家，但大多数人认为他只会打仗，并没有把他当作理论家。甚至有人说"山沟里出不了马克思主义"，讥讽毛泽东只是读过《孙子兵法》而已。

毛泽东到了陕北以后，发奋学习，攻读了一批马克思主义经典著作，并且结合中国实际撰写了一系列的理论文章，形成了毛泽东思想的体系。但是毛泽东思想在当时并没有马上成为我们党的指导思想。

当时国民党有个叫叶青的理论家，原名任卓宣，之前是中共党员，后来叛变革命。他对共产党的理论比较了解，自身理论功底也很扎实，蒋介石任命他为国民党中宣部副部长。叶青在 1941 年写了一本书，书名为《毛泽东批判》。在这本书中，叶青指出："王明只是米夫的一个'黄口小儿'，跟着共产国际走，没有自己的理论。""我对毛泽东的看法，比较不同。他的'马克思主义底中国化'问题之提出，证明他懂得一些理论……两年以后，看见他在《解放》第九十八和九十九两期合刊的《新民主主义论》，觉得他有相当的进步……我对于毛泽东，从此遂把他作共产党理论家看待了。"但是当时在共产党内部，那些尚未摆脱教条主义

影响的人认为，毛泽东写的东西离马列主义还太远。

经过延安整风，理论界发生了根本性的转变。毛泽东思想在七大上被写入党章，成为我们党的指导思想。七大召开时主席台上方的标语为"在毛泽东的旗帜下胜利前进"。

延安整风使全党达到空前统一，那么统一到底体现在什么地方呢？是统一到毛泽东思想的旗帜下来了。毛泽东思想这个概念本身也是在延安整风期间形成的。长期在党内从事理论研究的张如心在 1941 年 3 月提出"毛泽东同志的思想"，1942 年 2 月提出"毛泽东同志的理论"，同时使用了"毛泽东主义"这个概念。邓拓于 1942 年 7 月提出了"毛泽东主义"的概念。王稼祥在 1943 年 7 月提出了"毛泽东思想"的概念。后来，中央采用了"毛泽东思想"的提法。

党的六届七中全会通过的《关于若干历史问题的决议》指出："全党已经空前一致地认识了毛泽东同志的路线的正确性，空前自觉地团结在毛泽东的旗帜下了。以毛泽东同志为代表的马克思列宁主义的思想更普遍地更深入地掌握干部、党员和人民群众的结果，必将给党和中国革命带来伟大的进步和不可战胜的力量。"[1]

---

[1] 毛泽东. 毛泽东选集：第三卷 [M]. 北京：人民出版社，1991：998-999.

　　我们之所以说延安是领导中国人民抗日斗争的政治指导中心和走向全国胜利的出发点，其前提和基础是全党的团结统一。"党在奋斗的过程中产生了自己的领袖毛泽东同志。毛泽东同志代表中国无产阶级和中国人民，将人类最高智慧——马克思列宁主义的科学理论，创造地应用于中国这样的以农民为主要群众、以反帝反封建为直接任务而又地广人众、情况极复杂、斗争极困难的半封建半殖民地的大国，光辉地发展了列宁斯大林关于殖民地半殖民地问题的学说和斯大林关于中国革命问题的学说。由于坚持了正确的马克思列宁主义的路线，并向一切与之相反的错误思想作了胜利的斗争，党才在三个时期中取得了伟大的成绩，达到了今天这样在思想上、政治上、组织上的空前的巩固和统一，发展为今天这样强大的革命力量，有了一百二十余万党员，领导了拥有近一万万人民、近一百万军队的中国解放区，形成为全国人民抗日战争和解放事业的伟大的重心。"[1]

　　为了维护党中央权威和集中统一领导，毛泽东在《中国共产党第七次全国代表大会的工作方针》中更是指出："要知道，一个队伍经常是不大整齐的，所以就要常常喊看齐，向左看齐，向右看齐，向中看齐。我们要向中央基准看齐，向大会基准看齐。

---

　　[1]　毛泽东. 毛泽东选集：第三卷［M］. 北京：人民出版社，1991：952-953.

看齐是原则，有偏差是实际生活，有了偏差，就喊看齐。"[1]

（二）独立自主探索中国革命道路

"共产党人现在已经不是小孩子了，他们能够善处自己，又能够善处同盟者。"[2] 毛泽东的这句话实际上指的是对于共产党人来说极端重要的政治鉴别力、理论鉴别力。"工人阶级的利益同民族资产阶级的利益也是有冲突的。要开展民族革命，对于民族革命的先锋队不给以政治上、经济上的权利，不使工人阶级能够拿出力量来对付帝国主义及其走狗卖国贼，是不能成功的。但是民族资产阶级如果参加反对帝国主义的统一战线，那末，工人阶级和民族资产阶级就有了共同的利害关系。人民共和国在资产阶级民主革命的时代并不废除非帝国主义的、非封建主义的私有财产，并不没收民族资产阶级的工商业，而且还鼓励这些工商业的发展。任何民族资本家，只要他不赞助帝国主义和中国卖国贼，我们就要保护他。在民主革命阶段，劳资间的斗争是有限度的。"[3]

毛泽东主张，为了抗击日本侵略者，甚至要争取过去的土匪

---

[1]　中共中央文献研究室. 毛泽东文集：第三卷 [M]. 北京：人民出版社，1996：297-298.

[2]　毛泽东. 毛泽东选集：第一卷 [M]. 北京：人民出版社，1991：157.

[3]　毛泽东. 毛泽东选集：第一卷 [M]. 北京：人民出版社，1991：159.

和帮会头子这些力量。他在 1936 年 7 月 15 日发布的《中华苏维埃中央政府对哥老会宣言》中指出："你们主张打富济贫，我们主张打土豪分田地；你们轻财仗义，结纳天下英雄好汉，我们舍身救中国、救世界……"[1]

习仲勋同志在担任中共关中分委书记时正确贯彻了党的全面抗战方针政策。"他亲自与正宁县民团的王大牙、寺村民团的萧恩多、彬县民团的李仰之、旬邑县民团的郭相堂、太峪镇民团的文干卿、宁县民团的庞铭胜、同官民团的夏玉山等民团头目，多次通信或谈话，进行宣传、分化、瓦解工作。在新的形势下，这些民团头目除少数顽固分子外，都为抗日工作起到了不同程度的积极作用，减少了边区的压力。旬邑县驻职田镇民团头目马宏德在中共抗日统一战线政策的感召和习仲勋的多方争取下，给关中分区送来长短枪二十五支，装备了分区部队。"[2]

毛泽东为了系统说明中国革命战略方面的诸问题，于 1936 年 12 月写了《中国革命战争的战略问题》，文中指出："我们固然应该特别尊重苏联的战争经验，因为它是最近代的革命战争的经验，是在列宁、斯大林指导之下获得的；但是我们还应该尊重中国革

———————————

　[1]　中共延安市委统战部组. 延安时期统一战线史料选编［M］. 北京：华文出版社，2010：37.

　[2]　《习仲勋传》编委会. 习仲勋传：上卷［M］. 北京：中央文献出版社，2013：266.

命战争的经验，因为中国革命和中国红军又有许多特殊的情况。"[1]

1962 年，毛泽东在扩大的中央工作会议上指出："中国这个客观世界，整个地说来，是由中国人认识的，不是在共产国际管中国问题的同志们认识的。共产国际的这些同志就不了解或者说不很了解中国社会、中国民族、中国革命。对于中国这个客观世界，我们自己在很长时间内都认识不清楚，何况外国同志呢？"[2]

毛泽东在六届六中全会上正式提出马克思主义中国化的命题，强调："马克思列宁主义的伟大力量，就在于它是和各个国家具体的革命实践相联系的。对于中国共产党说来，就是要学会把马克思列宁主义的理论应用于中国的具体的环境。成为伟大中华民族的一部分而和这个民族血肉相联的共产党员，离开中国特点来谈马克思主义，只是抽象的空洞的马克思主义。因此，使马克思主义在中国具体化，使之在其每一表现中带着必须有的中国的特性，即是说，按照中国的特点去应用它，成为全党亟待了解并亟须解决的问题。"[3]

---

[1] 毛泽东. 毛泽东选集：第一卷 [M]. 北京：人民出版社，1991：172.

[2] 中共中央文献研究室. 毛泽东文集：第八卷 [M]. 北京：人民出版社，1999：299-300.

[3] 毛泽东. 毛泽东选集：第二卷 [M]. 北京：人民出版社，1991：534.

毛泽东在为斯大林 60 岁生日写的祝寿词中着重吸收了中国的传统经典，而不是单纯从马克思主义的经典中找词句："我们中国人民，是处在历史上灾难最深重的时候，是需要人们援助最迫切的时候。《诗经》上说的：'嘤其鸣矣，求其友声。'我们正是处在这种时候。"[1]

（三）人民选择了毛泽东，人民拥戴毛泽东

当年陕北人民在民歌《骑白马》的基础上创作和传唱歌曲《东方红》。习近平指出，这些歌颂党、歌颂毛主席的文艺作品都是人民群众自发创作的，充分说明人民选择了毛泽东，人民拥戴毛泽东。中国共产党成立时毛泽东刚好 28 岁。又经过 28 年，到 1949 年 10 月 1 日，毛泽东在天安门城楼上宣布了中华人民共和国成立。而其后的约 28 年（实为 27 年）毛泽东领导中国人民开展了轰轰烈烈的社会主义革命和建设。毛泽东一生的辉煌篇章即由这三个"28"构成。

在延安保卫战中，人民军队喊出的口号是：保卫延安，保卫党中央，保卫毛主席。1946 年 11 月 13 日，习仲勋在陕甘宁边区政府机关召开的干部动员会上发表讲话，"号召边区全体军民动员起来，保卫延安，保卫边区，保卫毛主席，把敢于侵犯的国民

---

[1]　毛泽东. 毛泽东选集：第二卷 [M]. 北京：人民出版社，1991：657.

党军坚决赶出去"[1]。

在紧张的延安保卫战前夕，1946 年 12 月 1 日，迎来了朱德总司令的六十寿辰。习仲勋写下了《祝贺朱总司令六十寿辰》的祝词，其中写道："边区老百姓深深知道，谁领导他们翻了身，谁领导他们争得民主自由，争得丰衣足食，谁领导着他们争得祖祖宗宗从没有过的日子。他们感谢您，感谢毛主席和您领导下的党。"[2]

歼灭敌人与保守或夺取地方，犹如熊掌与鱼的关系，二者不可兼得。对此，毛泽东明确提出，应以歼灭敌人有生力量为主要目标，不以保守或夺取地方为主要目标。

1947 年 3 月 13 日，胡宗南集团对延安发起攻击。防御部队在"保卫党中央，保卫毛主席"的口号鼓舞下，以高昂的斗志和不怕牺牲的精神，依托既设阵地，交替掩护，节节抗击，并不断实施反冲击，粉碎了胡宗南 3 日内占领延安的企图。3 月 19 日，我军主动撤离延安，转战陕北的伟大历程就此开启，临行时毛泽东对参加保卫延安的西北野战兵团（后来改称"西北野战军"）的部分干部说："敌人要来了，我们准备给他打扫房子。我军打

---

[1]《习仲勋传》编委会. 习仲勋传：上卷 [M]. 北京：中央文献出版社，2013：449-451.

[2]《习仲勋传》编委会. 习仲勋传：上卷 [M]. 北京：中央文献出版社，2013：452.

仗，不在一城一地的得失，而在于消灭敌人的有生力量。存人失地，人地皆存；存地失人，人地皆失。敌人进延安是握着拳头的，他到了延安，就要把指头伸开，这样就便于我们一个一个地切掉它。"毛泽东又对中央警卫团的战士说："蒋介石打仗是为了争地盘，占领延安，他好开大会庆祝。我们就给他地盘，我们打仗是要俘虏他的兵员，缴获他的装备，消灭他的有生力量，来壮大自己。这样，他打他的，我打我的。等蒋介石算清这笔账，后悔就晚了。""我们要以一个延安换取一个全中国。"[1]

通过青化砭、羊马河、蟠龙镇三战三捷和沙家店战役的胜利，西北野战兵团粉碎了国民党军对陕北的重点进攻，随后不断扩大战果，于 1948 年 4 月 22 日收复延安。中共中央在贺电中指出："去年三月十九日国民党匪军占领延安的时候，我们就断言，这种占领将标志着国民党匪军的失败和中国人民的胜利，一年多以来的一切事变，充分地证明了这一断言。"[2] 美国政府在 1949 年发表的《白皮书》中指出，国民党军攻占延安，曾经宣扬为一个伟大的胜利，实则是一个既浪费又空虚的、华而不实的胜利。

————————

[1] 张素华. 毛泽东与中共党史重大事件 [M]. 北京：中央文献出版社，2001：191-192.

[2] 中共中央党史和文献研究室. 毛泽东年谱：第三卷 [M]. 北京：中央文献出版社，2023：305.

救亡与图存是近代中国的两大基本问题。毛泽东在青年时期即围绕这两大基本问题进行深入的思考与抗争，倡导民众的解放与民众的联合。彼时之中国，要想实现救亡与图存，首要问题即人的解放："时机到了！世界的大潮卷得更急了！洞庭湖的闸门动了，且开了！浩浩荡荡的新思潮业已奔腾澎湃于湘江两岸了！顺他的生。逆他的死。如何承受他？如何传播他？如何研究他？如何施行他？这是我们全体湘人最切最要的大问题，即是'湘江'出世最切最要的大任务。"[1] 要实现民众的解放，必须进行民众的"大联合"，把任人宰割、一盘散沙的中国变成一个团结的中国："国家坏到了极处，人类苦到了极处，社会黑暗到了极处。补救的方法，改造的方法，教育，兴业，努力，猛进，破坏，建设，固然是不错，有为这几样根本的一个方法，就是民众的大联合。"[2]

毛主席将一盘散沙、各自为谋、忍辱待毙、任人宰割的旧中国变成艰苦卓绝、急公好义、勤朴武健、自力更生，受到全世界尊敬的新中国。这主要是由于他虽然以马列主义作为革命建国的

[1]　中共中央文献研究室，中共湖南省委《毛泽东早期文稿》编辑组．毛泽东早期文稿：1912.6—1920.11［M］．长沙：湖南人民出版社，1990：294-295．

[2]　中共中央文献研究室，中共湖南省委《毛泽东早期文稿》编辑组．毛泽东早期文稿：1912.6—1920.11［M］．长沙：湖南人民出版社，1990：338．

理论动力，但他一生不断地以理论与实践相互印证，不断地就国内外情势因时因地制宜决策，将一个引进的主义逐步变成适合我国国情的革命建国理论实践的光辉体系。

第三章　从第一个答案到第二个答案

延安时期，杨家岭是毛泽东居住时间最长的地方，著名的"窑洞对"就是在这里进行的。"窑洞对"的要义，是回答如何跳出治乱兴衰的历史周期率、避免人亡政息、确保政权长期存在的问题。

习近平总书记指出："我们党历史这么长、规模这么大、执政这么久，如何跳出治乱兴衰的历史周期率？毛泽东同志在延安的窑洞里给出了第一个答案，这就是'只有让人民来监督政府，政府才不敢松懈'。经过百年奋斗特别是党的十八大以来新的实践，我们党又给出了第二个答案，这就是自我革命。"[1]

中国共产党的百年奋斗历程围绕着一个困扰中国几千年历史

---

[1]　习近平. 论党的自我革命［M］. 北京：党建读物出版社，中国方正出版社，中央文献出版社，2023：324.

发展的重大问题而展开，即如何走出治乱兴衰的历史周期率。历史周期率，指的是秦朝以后的中国封建王朝中，没有一个朝代能够持续超过 300 年的现象，这个历史周期率的存在，反映了中国封建社会的一种规律性现象。但自从有了中国共产党，中国就迎来了新的历史、新的纪元、新的时代，要实现国家长治久安、人民幸福安康，要带领中国人民实现中华民族伟大复兴的中国梦、实现共产主义远大理想，中国共产党找到了跳出历史周期率的答案。

从中国共产党的百年奋斗历程中找到了两个答案，一个是毛泽东找到的第一个答案——人民监督，一个是习近平找到的第二个答案——自我革命。中国共产党依靠外部的人民监督与内部的自我革命的"内外结合"，锚定全面推进中华民族伟大复兴的奋斗目标，实现经济社会长期可持续发展，就能够真正跳出"人存政举、人亡政息"的治乱兴衰的历史周期率。

一、延安"窑洞对"：人民监督

在延安，中国共产党找到了跳出治乱兴衰的历史周期率的第一个答案——人民监督并始终践行，始终接受人民群众的批评和监督。这就是我们非常熟悉的延安"窑洞对"。

狭义的"窑洞对"即指 1945 年 7 月 1 日毛泽东与黄炎培的著

名对谈，而广义的"窑洞对"则包含 1944 年的"甲申对"以及 1949 年中华人民共和国成立前夕的"赶考对"。毛泽东在中国革命的进程中一直在思考中国的历史走向和民族的历史命运，对中国的历史发展有着极为丰富的知识和感悟，其中《资治通鉴》他就读了 17 遍，并且通读"二十四史"。要知道仅《资治通鉴》就有 300 余万字。尤其是延安时期，毛泽东关于跳出历史周期率的答案已经逐步清晰起来，并极为自信地断言中国共产党一定能够打破历史的魔咒、跳出历史周期率，因为我们依靠人民、相信人民、让人民监督政府，更因为中国共产党的性质就是人民的政党，是为了人民的利益而不懈奋斗的先进政党。

（一）"甲申对"

1945 年，抗日战争即将取得全面胜利，中国共产党领导的新民主主义革命也进入历史性转折的重大关头。那时摆在毛泽东面前的不仅仅是领导全党全军完成抗日战争的神圣任务，还有中国共产党在日益走向强大的进程中，如何防止骄傲自满情绪出现。当时，确实有人开始担忧，也有人提出问题：中国共产党领导革命胜利后，会不会像历史上的农民革命那样，被胜利冲昏头脑，忘乎所以，以致最后惨遭失败？会不会像封建王朝那样出现"人亡政息"的现象？能不能避免农民革命的历史悲剧，能不能跳出"人亡政息"的周期率？

　　这些问题很早之前就进入毛泽东的思考范畴了。1944年春，郭沫若发表了《甲申三百年祭》，"纪念明朝末年李自成领导的农民起义军进入北京推翻明王朝三百周年。文中说明一六四四年李自成的农民起义军进入北京以后，它的一些首领因为胜利而骄傲起来，生活腐化，进行宗派斗争，以致这次起义在一六四五年陷于失败。这篇文章先在重庆《新华日报》发表，后来在延安《解放日报》转载，并且在各解放区印成单行本"[1]。"在过短的时期之内获得了过大的成功，这却使自成以下如牛金星、刘宗敏之流，似乎都沉沦进了过分的陶醉去了。进了北京以后，自成便进了皇宫……纷纷然，昏昏然，大家都象以为天下就已经太平了的一样。近在肘腋的关外大敌，他们似乎全不在意。"[2] 毛泽东对这篇文章感触极深，把这篇文章以中共中央的名义作为整风文件发了下去，要求全党全军高级干部好好地学习，开展必要的思想教育；要求同志们引为鉴戒，不要重犯胜利时骄傲的错误。

　　1944年4月和5月，毛泽东分别在中共中央西北局高级干部会议上和中央党校作了关于"学习问题和时局问题"的报告（即著名的《学习和时局》一文），对党的历史中涉及的一些重要问题作了解答。《学习和时局》包括两部分内容：一是1944年4月

　　[1]　毛泽东.毛泽东选集：第三卷［M］.北京：人民出版社，1991：950-951.

　　[2]　郭沫若.甲申三百年祭［M］.北京：人民出版社，1954：21.

12 日的讲演，针对中共中央领导机关和高级干部在 1941 年到 1944 年间对于党的历史，特别是党在 1931 年初到 1934 年底这个时期的历史进行的讨论，即针对王明"左"倾错误路线统治全党长达 4 年所造成的严重后果及教训的讨论；二是 1944 年 5 月 20 日在中央党校第一部所作的讲演。毛泽东深刻指出："我党历史上曾经有过几次表现了大的骄傲，都是吃了亏的。第一次是在一九二七年上半年。那时北伐军到了武汉，一些同志骄傲起来，自以为了不得，忘记了国民党将要袭击我们。结果犯了陈独秀路线的错误，使这次革命归于失败。第二次是在一九三〇年。红军利用蒋冯阎大战的条件，打了一些胜仗，又有一些同志骄傲起来，自以为了不得。结果犯了李立三路线的错误，也使革命力量遭到一些损失。第三次是在一九三一年。红军打破了第三次'围剿'，接着全国人民在日本进攻面前发动了轰轰烈烈的抗日运动，又有一些同志骄傲起来，自以为了不得。结果犯了更严重的路线错误，使辛苦地聚集起来的革命力量损失了百分之九十左右。第四次是在一九三八年。抗战起来了，统一战线建立了，又有一些同志骄傲起来，自以为了不得，结果犯了和陈独秀路线有某些相似的错误。这一次，又使得受这些同志的错误思想影响最大的那些地方的革命工作，遭到了很大的损失。全党同志对于这几次骄傲，几次错误，都要引为鉴戒。近日我们印了郭沫若论李自成的文章，也是叫同志们引为鉴戒，不要重犯胜利时骄傲的错误。"[1]

郭沫若在《甲申三百年祭》中总结了李自成悲剧的原因："这无论怎么说都是一场大悲剧。李自成自然是一位悲剧的主人，而从李岩方面来看，悲剧的意义尤其深刻。假使初进北京时，自成听了李岩的话，使士卒不要懈怠而败了军纪……就这样，个人的悲剧扩大而成了民族的悲剧，这意义不能说是不够深刻的。"[2]郭沫若既把李自成悲剧的原因归结于个人，同样也归结于时代。在胜利面前得意忘形，在顺境面前忘乎所以，不仅是人性的弱点，更是历史的悲剧。

1944 年 11 月 21 日，毛泽东专门给郭沫若写信，表示"你的《甲申三百年祭》，我们把它作整风文件看待。小胜即骄傲，大胜更骄傲，一次又一次吃亏，如何避免此种毛病，实在值得注意"[3]。并且毛泽东还极为谦虚地表示："我虽然兢兢业业，生怕出岔子，但说不定岔子从什么地方跑来；你看到了什么错误缺点，希望随时示知。"[4]

---

[1] 毛泽东. 毛泽东选集：第三卷 [M]. 北京：人民出版社，1991：947-948.

[2] 郭沫若. 甲申三百年祭 [M]. 北京：人民出版社，1954：29-30.

[3] 中共中央文献研究室. 毛泽东文集：第二卷 [M]. 北京：人民出版社，1996：227.

[4] 中共中央文献研究室. 毛泽东文集：第二卷 [M]. 北京：人民出版社，1996：227.

1944 年 6 月 7 日，中共中央宣传部、原总政治部发出关于学习《甲申三百年祭》的联合通知，通知指出："我们全党，首先是高级领导同志无论遇到何种有利形势与实际胜利，无论自己如何功在党国、德高望重，必须永远保持清醒与学习态度，万万不可冲昏头脑，忘其所以，重蹈李自成与戈尔洛夫的覆辙。"[1]

戈尔洛夫，何许人呢？苏联作家亚历山大·柯尔涅楚克在 1942 年 9 月德国的飞机开始空袭斯大林格勒之际，创作了一部三幕五场话剧《前线》。它是一部军旅题材的话剧，更是对苏联红军在卫国战争中同德国法西斯军队作战情况的文艺总结，而这个"戈尔洛夫"，就是话剧《前线》中塑造的重要人物——苏联前线总指挥戈尔洛夫将军。

戈尔洛夫将军没有显赫的身世，也没有丰富的教育背景，文化水平很低。不过，他对党却十分忠诚，在战场上英勇无畏。他曾经是苏联革命中的英雄，在战场上屡立奇功。但他在接受别人的采访时，却非常得意地说自己"不是理论家，而是一匹老战马"。这句话反映出这个人内心深处的骄傲和顽固。戈尔洛夫的那些陈旧的经验，已经完全不适用于眼前的战争。相比起所谓的勇敢，情报信息与现代作战技术才是现代战争制胜的关键。

---

[1] 郭沫若纪念馆、中国郭沫若研究会、四川郭沫若研究学会.《〈甲申三百年祭〉风雨六十年》[M]. 北京：人民出版社，2005：93.

在苏德战争开战之初，苏联军队以不次于敌人装备的质量、超越敌人的武器数量来应战，却在战场上接连失利，就是其指挥僵化造成的恶果。毛泽东还在《解放日报》上发表了一篇3000多字的文章，引导人们对话剧《前线》正确思考。

毛泽东在文章中指出，这部话剧的创作目的，就是要教育苏联军队中那些大大小小的"戈尔洛夫将军"们，让他们改掉故步自封、妄自尊大的毛病，不要顽固守旧，停滞不前，更不能仗着自己的老资格排挤新人，拒绝接纳新事物。

此时，抗日战争已经进入战略反攻阶段，最后的收尾工作极其重要。而延安的整风运动也在轰轰烈烈地进行着，很多指挥员都开始总结自己的战斗经验。而话剧《前线》此时译介到中国，可谓正当其时。毛泽东将自己对这部话剧的感悟整理成文件，要求党内统一学习。一时间，"戈尔洛夫将军"成了著名的反面教材。

2024年是《甲申三百年祭》发表80周年，这篇论述对于新时代更好坚持和发展中国特色社会主义仍有极为重要的启示，启示我们要以"赶考"精神继续夺取新的胜利。

2013年11月，习近平在视察部队时重提《前线》，让《前线》又现时代光彩。习近平强调："现在不少人嘴上说的是明天的战争，实际准备的是昨天的战争。我们千万不要做苏联话剧

《前线》中那个故步自封的戈尔洛夫。"[1]　"我想的最多的就是，在党和人民需要的时候，我们这支军队能不能始终坚持住党的绝对领导，能不能拉得上去、打胜仗，各级指挥员能不能带兵打仗、指挥打仗。"习近平曾发出这样的胜战之问。

《前线》曾在20世纪40年代的延安和全国抗日根据地、抗战胜利后的解放区多次演出，时隔70多年，再度在中国舞台上演。国防大学军事文化学院排演的话剧《前线》，让观众从走进剧场开始，便在时光流转中仿佛置身于1941年底苏联卫国战争的前线。"演出让观众反复回味这部剧作的深刻主题：我们的人民军队始终要在观念的前线激战，与未来战争赛跑。"[2]

（二）"窑洞对"

1945年7月1日，国民参政会参政员褚辅成、黄炎培、冷遹、傅斯年、左舜生、章伯钧从重庆飞抵延安进行访问和考察。毛泽东和朱德、周恩来、林伯渠等到机场迎接。毛泽东问黄炎培对延安的感想如何，黄炎培说："我生六十多年，耳闻的不说，所亲眼看到的，真所谓'其兴也浡焉''其亡也忽焉'，一人，一家，一团体，一地方，乃至一国，不少单位都没有能跳出这周期

---

[1]　谷海慧. 话剧《前线》：历久弥新的胜战之思［N］. 解放军报，2021-01-14.

[2]　谷海慧. 话剧《前线》：历久弥新的胜战之思［N］. 解放军报，2021-01-14.

率的支配力……一部历史，'政怠宦成'的也有，'人亡政息'的也有，'求荣取辱'的也有。总之没有能跳出这周期率。中共诸君从过去到现在，我略略了解的了。就是希望找出一条新路，来跳出这周期率的支配。"[1] 毛泽东回答说："我们已经找到新路，我们能跳出这周期率。这条新路，就是民主。只有让人民来监督政府，政府才不敢松懈。只有人人起来负责，才不会人亡政息。"[2] 同年 8 月 10 日，黄炎培在重庆出版了轰动一时的《延安归来》。他在书中写道："我认为中共朋友最可宝贵的精神，倒是不断地要好，不断地求进步，这种精神充分发挥出来，前途希望是无限的。"[3]

"其兴也浡焉""其亡也忽焉"出自《左传·庄公十一年》："禹、汤罪己，其兴也悖（通"勃"）焉；桀、纣罪人，其亡也忽焉。"意思是：禹和汤怪罪自己，他们的兴盛很迅速，势不可当；桀和纣怪罪他人，他们的灭亡也很迅速，突如其米。

"其兴也浡焉""其亡也忽焉"正是中国传统文化中"反求诸己"的观念，其实已经隐含了"内因是变化的根据，外因是变化的条件"的朴素辩证法思想。一个政权的覆亡固然有客观的各种

---

[1] 黄炎培. 延安归来［M］. 北京：国家行政学院出版社，2021：60-61.

[2] 黄炎培. 延安归来［M］. 北京：国家行政学院出版社，2021：61.

[3] 黄炎培. 延安归来［M］. 北京：国家行政学院出版社，2021：62.

各样的原因，如敌人力量的强大、外部环境的恶劣以及不可抗的自然灾害的发生等，但最根本的原因却是内部的原因。

如果执政理念符合历史发展潮流和人民群众期待，政权内部就能团结稳定，发展目标明晰，即使面对危难局面也能化险为夷、转危为安。需要说明的是，"反求诸己"出自《孟子·公孙丑上》，孟子曰："矢人岂不仁于函人哉？矢人唯恐不伤人，函人唯恐伤人。巫匠亦然。故术不可不慎也。孔子曰：'里仁为美。择不处仁，焉得智？'夫仁，天之尊爵也，人之安宅也。莫之御而不仁，是不智也。不仁、不智，无礼、无义，人役也。人役而耻为役，由弓人而耻为弓，矢人而耻为矢也。如耻之，莫如为仁。仁者如射，射者正己而后发；发而不中，不怨胜己者，反求诸己而已矣。"[1]

跳出历史周期率，不仅需要外部的人民监督，还需要内部的自我革命。因为仅仅被动地依靠外部的人民监督而不积极主动地自我革命、"反求诸己"，持续地改造主观世界以适应客观世界的发展和人民群众的愿望，自然就难以真正跳出历史周期率。

陈寿所著的《三国志·吴书》中有这样的记载："臣闻兴国之君乐闻其过，荒乱之主乐闻其誉；闻其过者过日消而福臻，闻

---

[1]　杨伯峻. 孟子译注［M］. 北京：中华书局，2019：87-88.

其誉者誉日损而祸至。"[1] 意思是：喜欢听到自己过失的，过失就会越来越少，而吉祥就会来到；喜欢听到赞誉自己的，赞誉就会越来越少，祸患就会来到。

我们从以上内容中至少能够得到两个重要启示。

第一个启示是第一个答案是在中国共产党还是革命党的时期，还没有掌握政权的背景下提出的。我们接受人民群众监督的自觉性更强，第一个答案更好贯彻下去，而问题的关键在于怎么才能够一以贯之。"窑洞对"的背景是新民主主义革命时期，其着眼点是中国共产党在取得全国革命胜利后的问题，即执掌政权之后，如何还能自觉地接受人民群众的批评和监督。因为长期执政条件下可能会滋生骄傲自满的情绪，更喜欢听好听的声音、赞美的声音，对批评的声音则会觉得不中听，共产党如何时常提醒自己、警醒自己？如果做不到这一点，必然重蹈历史周期率的覆辙。

第二个启示则是我们该如何做到"闻过则喜"。古人尚且明白多听不同意见尤其是批评意见将会使自己更加完善的道理，我们难道不需要听取人民的意见吗？当然需要，因为中国共产党是改变历史走向、改变中国命运的先进政党，更需要听到不同的声音、听取不同的意见而永远保持先进性、纯洁性。要想做到始终走在时代前列，就必须始终坚持第一个答案。

---

[1]　陈寿. 三国志 [M]. 裴松之注. 北京：中华书局，2011：1213.

习近平总书记多次提及 1945 年毛泽东和黄炎培在延安窑洞里关于历史周期率的对话，指出这番对话至今对中国共产党都是很好的鞭策和警示，强调要着力解决好"其兴也浡焉""其亡也忽焉"的历史性课题，增强党自我净化、自我完善、自我革新和自我提高的能力。

（三）"赶考对"

1949 年 3 月 23 日，毛泽东等中央领导同志率领中共中央机关和中国人民解放军总部人员离开西柏坡前往北平。临行时，毛泽东对周恩来说："今天是进京的日子，进京'赶考'去。"周恩来笑着回答："我们应当都能考试及格，不要退回来。"毛泽东满怀信心地说："退回来就失败了。我们决不当李自成，我们都希望考个好成绩。"毛泽东和周恩来的这次对谈被人们称为"赶考对"。

"赶考对"其实是对"甲申对"的进一步思考与深化。因为"甲申对"的背景是抗日战争即将取得胜利之时，而当时国民党的总体力量还是远远超过共产党的，国共两党之间依然力量悬殊。而在"赶考对"时，中国共产党基本上已经取得了三大战役的胜利，国共两党的力量天平已经偏向共产党一边。

辽沈战役结束后，我军第一次在兵力数量方面超过国民党军队。辽沈战役之后，我军总兵力上升至 300 万人，国民党军队总兵力则从最高峰时期的 800 万人下降到 290 万人。这是历史性的改变，代表中国光明未来的中国共产党首次整体实力超过国民党，中国的历史即将改写。

毛泽东根据这一变化对人民解放战争胜利的时间重新作了估计，他指出，从 1948 年 11 月起，再有一年左右的时间，就可以打倒国民党反动统治。后来的中国军事形势的发展，完全证明了毛泽东的这个预见。毛泽东指出："中国的军事形势现已进入一个新的转折点，即战争双方力量对比已经发生了根本的变化。人民解放军不但在质量上早已占有优势，而且在数量上现在也已经占有优势。这是中国革命的成功和中国和平的实现已经迫近的标志。"[1] 在这种形势下，更容易出现骄傲自满的情绪、过度的乐观主义情绪。

毛泽东预见到未来的赶考之路并不平坦，虽然不像战争年代那样在枪林弹雨中冲锋陷阵，但是在和平的条件下如何建设社会主义国家，如何在新民主主义革命胜利的基础上逐步过渡到社会主义社会，怎么处理和美国等资本主义国家的关系，怎么处理和苏联的关系，怎么逐步形成独立的工业体系和国民经济体系，进而确立社会主义制度，都是面临的严峻考验。

---

[1] 毛泽东. 毛泽东选集：第四卷 [M]. 北京：人民出版社，1991：1360.

一系列前所未有的考验在等待着我们，要想考出好成绩，就必须始终保持共产党人的昂扬斗志，始终保持建党时期的奋斗精神。毛泽东要求各级干部以李自成为鉴，"中国的革命是伟大的，但革命以后的路程更长，工作更伟大，更艰苦"[1]。

毛泽东系统总结了历史上农民起义失败的教训："李自成为什么失败了？很重要的一个原因，就是没有巩固的根据地。"[2]在古田会议上，毛泽东特别强调，要与流寇主义思想作斗争："历史上黄巢、李闯王式的流寇主义，已为今日的环境所不许可。"

1938 年 5 月，毛泽东在《抗日游击战争的战略问题》一文中写道："历史上存在过许多流寇主义的农民战争，都没有成功。在交通和技术进步的今日而企图用流寇主义获得胜利，更是毫无根据的幻想。然而流寇主义在今天的破产农民中还是存在的，他们的意识反映到游击战争的领导者们的头脑中，就成了不要或不重视根据地的思想。因此，从游击战争的领导者们的头脑中驱除流寇主义，是确定建立根据地的方针的前提。"[3]

────────────────────

　[1]　毛泽东. 毛泽东选集：第四卷［M］. 北京：人民出版社，1991：1438.

　[2]　谭震林. 井冈山斗争的实践与毛泽东思想的发展［J］. 红旗，1978（12）.

　[3]　毛泽东. 毛泽东选集：第二卷［M］. 北京：人民出版社，1991：418-419.

其实何止李自成，历史上荣枯骤变的政权何其多也，如金朝。金朝是一个乾坤急转、荣枯骤变的朝代，崛起得迅猛，灭亡得也很急速，和辽、西夏相比，金朝是最为强盛的一个王朝，却又是最短命的一个王朝，它雷厉风行地灭掉了战功赫赫的辽、文治卓越的北宋，自己却仅仅延续了 120 年。

毛泽东在广州农民运动讲习所为学员讲授"中国农民问题"时说："当时陕省大饥，自成乘机而起，至山西、张家口、南口、土木堡等处，后至北京，卒为清兵所败……后被三桂引清兵入关，追至无路可走。这可见李自成是代表农民利益的。"[1]

1938 年，毛泽东在延安保卫工作谈话中再次讲到了李自成，说，我们历来的造反领袖，后来都腐化了，做了皇帝的都不好了，但李自成本人始终是好的，老百姓都称赞他，因为他代表农民利益向地主阶级造反。

1939 年 12 月，毛泽东在《中国革命和中国共产党》一书中，再次热情讴歌了李自成的农民起义，他说，在中国封建社会里，只有这种农民的阶级斗争、农民的起义和农民的战争，才是历史发展的真正动力。

1942 年 4 月，陕甘宁边区政府副主席李鼎铭将陕西米脂人李

---

[1] 中共广东省委党史研究委员会办公室，毛泽东同志主办农民运动讲习所旧址纪念馆. 广州农民运动讲习所文献资料 [M]. 1983：103-104.

健侯写的 40 回本 34 万字的《永昌演义》送给毛泽东评阅，由于工作太忙，毛泽东没有第一时间读。两年后，毛泽东专门抽时间读完了这部书稿，非常高兴，表示对此书很感兴趣，让人抄存了一部，并给李鼎铭写了一封信，说："《永昌演义》前数年为多人所借阅；近日鄙人阅读一过，获益良多。并已抄存一部，以为将来之用。作者李健侯先生经营此书，费了大力，请先生代我向作者致深切之敬意。此书赞美李自成个人品德，但贬抑其整个运动。实则吾国自秦以来二千余年推动社会向前进步者主要的是农民战争，大顺帝李自成将军所领导的伟大的农民战争，就是二千年来几十次这类战争中的极著名的一次。这个运动起自陕北，实为陕人的光荣，尤为先生及作者健侯先生们的光荣。此书如按上述新历史观点加以改造，极有教育人民的作用，未知能获作者同意否？又健侯先生近来健康如何，能来延安一游否？统祈转致健侯先生为祷！"[1]

作家姚雪垠创作的长篇历史小说《李自成》第一卷分上、下两册。因为各种原因，这部书一直断断续续没有写完，姚雪垠还专门致信毛主席，希望毛主席能支持他继续写完《李自成》。1975 年 11 月，毛泽东在视力严重下降的情况下，仍然用铅笔亲

[1]　中共中央文献研究室. 毛泽东文艺论集［M］. 北京：中央文献出版社，2002：282.

自批示，批示中说，印发政治局各同志，我同意他写《李自成》小说二卷、三卷至五卷。由此可见，毛泽东对李自成的研究是非常重视的，而且有着强烈的忧患意识，告诫大家一定要从李自成的失败中吸取教训，以免重蹈覆辙。

习近平总书记指出，中国历史上的农民起义有其重大进步意义，这一点必须肯定，同时其失败的教训也发人深省。"明末李自成揭竿而起、严明军纪、剿兵安民，起义军席卷神州、所向披靡、攻占北京。然而，好景不长，起义军进城后骄傲自满，庞大人马在京城里沉迷享乐、军纪松弛。清兵入关后，起义军仓促应战，人心涣散、一击则溃，短短几个月就土崩瓦解。"[1]

二、新时代的"窑洞对"：自我革命

自我革命的本质含义即执政党要首先管好自己，刀刃向内，勇于自我革新、自我提高。"自我革命就是补钙壮骨、排毒杀菌、壮士断腕、去腐生肌，不断清除侵蚀党的健康肌体的病毒，不断提高自身免疫力，防止人亡政息。"[2]

与人民监督主要是依赖外部的力量相比，自我革命更强调内

---

[1] 习近平. 习近平著作选读：第二卷 [M]. 北京：人民出版社，2023：103.

[2] 习近平. 习近平著作选读：第二卷 [M]. 北京：人民出版社，2023：588.

部的精神动力、使命感召。如果没有自我革命或者自我革命不彻底，我们就没有条件和资格带领人民群众进行社会革命。

习近平总书记在党的二十大报告中指出："腐败是危害党的生命力和战斗力的最大毒瘤，反腐败是最彻底的自我革命。"[1]自我革命必须坚定不移全面从严治党，持续开展反腐败斗争，坚决打赢反腐败斗争攻坚战持久战。自我革命首先要进行有效的自我监督，增强自我净化能力。"自我监督是世界性难题，是国家治理的哥德巴赫猜想。我们要通过行动回答'窑洞之问'，练就中国共产党人自我净化的'绝世武功'。"[2]

（一）自我革命的主体

在重要领导岗位上工作的领导干部位高权重，一言一行会对党和国家的事业造成比较大的影响。但权力往往意味着责任，权力越大，责任越大、要求越严、标准越高。高级干部出问题，对党的事业的影响远超一般干部，关键岗位的干部特别是一把手出问题比其他岗位干部的危害更大。

2013 年 7 月，习近平总书记在河北调研指导党的群众路线教育实践活动时的讲话中指出："邓小平同志说过：'在中国来说，

---

[1] 习近平. 习近平著作选读：第一卷 [M]. 北京：人民出版社，2023：56.

[2] 习近平. 习近平谈治国理政：第三卷 [M]. 北京：外文出版社，2020：511.

谁有资格犯大错误？就是中国共产党。'那么在党内，谁有资格犯大错误？我看还是高级干部。高级干部一旦犯错误，造成的危害大，对党的形象和威信损害大。"[1]

2015年3月9日，习近平总书记在参加十二届全国人大三次会议吉林代表团审议时的讲话中指出："要突出领导干部这个关键，教育引导各级领导干部立正身、讲原则、守纪律、拒腐蚀，形成一级带一级、一级抓一级的示范效应，积极营造风清气正的从政环境。"[2]

2016年1月12日，习近平总书记在第十八届中央纪律检查委员会第六次全体会议上的讲话中指出："要抓住'关键少数'，破解一把手监督难题，领导干部责任越重大、岗位越重要，就越要加强监督。"[3]

2018年1月5日，习近平总书记在新进十九届中央委员会委员、候补委员和省部级主要领导干部学习贯彻习近平新时代中国特色社会主义思想和党的十九大精神研讨班上的讲话中指出：

---

[1] 中共中央纪律检查委员会，中共中央文献研究室. 习近平关于严明党的纪律和规矩论述摘编 [M]. 北京：中央文献出版社，中国方正出版社，2016：96.

[2] 习近平李克强张德江刘云山分别参加全国人大会议一些代表团审议 [N]. 人民日报，2015-03-10（1）.

[3] 习近平在十八届中央纪委六次全会上发表重要讲话强调　坚持全面从严治党依规治党　创新体制机制强化党内监督 [N]. 人民日报，2016-01-13（1）.

"要把我们党建设好，必须抓住'关键少数'。"[1]

2020 年 12 月 24 日至 25 日，中共中央政治局召开民主生活会，习近平总书记主持会议并发表重要讲话，他指出："讲政治必须提高政治领悟力。领导干部特别是高级领导干部担的是政治责任，必须对党中央精神深入学习、融会贯通，坚持用党中央精神分析形势、推动工作，始终同党中央保持高度一致。"[2]

2021 年 1 月 11 日，习近平总书记在省部级主要领导干部学习贯彻党的十九届五中全会精神专题研讨班上的讲话中指出："高级干部要成为马克思主义政治家，各级领导干部要成为政治上的明白人。"[3]

自我革命只要抓住了"关键少数"，一切问题就迎刃而解了。形成良好政治生态的关键是领导干部。领导干部是解决自我革命问题的主要矛盾和矛盾的主要方面。

领导干部自我革命是否彻底，直接决定了政治生态好坏。一把手的责任远大于班子成员，班子成员的责任远大于中层干部。正如班子成员无法代替一把手的作用一样，中层干部也无法代替

---

[1]　习近平. 习近平著作选读：第二卷［M］. 北京：人民出版社，2023：105.

[2]　习近平. 习近平著作选读：第二卷［M］. 北京：人民出版社，2023：392.

[3]　习近平. 习近平谈治国理政：第四卷［M］. 北京：外文出版社，2022：47.

班子成员所起的作用。

党的十八大以来习近平总书记首先从八项规定开始破题开局，引领全党政治生态不断向好。"各级领导干部要以身作则、率先垂范，说到的就要做到，承诺的就要兑现，中央政治局同志从我本人做起。"[1]

2013年6月28日，习近平总书记在全国组织工作会议上的讲话中指出："从严管理的要求能不能落到实处，领导机关和领导干部带头非常重要。"[2]

2018年1月11日，习近平总书记在第十九届中央纪律检查委员会第二次全体会议上的讲话中指出："党的十八大以来，全面从严治党一个显著特点是既对广大党员提出普遍性要求，用严格教育、严明纪律管住大多数，同时又对'关键少数'特别是高级干部提出更高更严的标准，进行更严的管理和监督，严肃查处其中违纪违法的极少数人，坚决减存量、遏增量。"[3]

2020年1月8日，习近平总书记在"不忘初心、牢记使命"主题教育总结大会上的讲话中指出："领导机关是国家治理体系

［1］ 习近平. 习近平著作选读：第一卷［M］. 北京：人民出版社，2023：87.

［2］ 中共中央文献研究室. 十八大以来重要文献选编：上［M］. 北京：中央文献出版社，2014：351.

［3］ 中共中央党史和文献研究院. 十九大以来重要文献选编：上［M］. 北京：中央文献出版社，2019：189-190.

中的重要机关，领导干部是党和国家事业发展的'关键少数'，对全党全社会都具有风向标作用。'君子之德风，小人之德草，草上之风必偃。'在上面要求人、在后面推动人，都不如在前面带动人管用。"[1]

（二）自我革命是一个政治问题

自我革命是一个政治问题，反腐败斗争并非只是查处违纪的党员干部，根本上是着眼于中华民族前途命运和社会主义兴衰成效。腐败问题往往与政治问题交织，在廉洁上出问题的干部很难保证在政治上清清白白，在政治上出问题的干部在廉洁自律上很少能够坚守底线。习近平总书记之所以反复强调"反腐败是最彻底的自我革命"，正是因为他是从政治的高度来看待腐败问题的。

习近平总书记反复强调，开展反腐败斗争首先要从政治上看，要求"政治问题要从政治上来解决"。2021年1月22日，习近平总书记在中共十九届中央纪委五次全会上指出："政治腐败是最大的腐败，必须消除党内政治隐患，坚决防止党内形成利益集团，如果党的权力被他们攫取、党的领导干部成了他们的代理人甚至自己就搞利益集团，红色江山就会改变颜色。"[2]

---

[1]　习近平. 习近平谈治国理政：第三卷［M］. 北京：外文出版社，2020：544.

[2]　习近平. 习近平谈治国理政：第四卷［M］. 北京：外文出版社，2020：507.

人民监督事关政治立场，自我革命事关政治自觉。锤炼党性首先要在政治上体现，在政治上坚定不移，在大是大非问题上立场坚定，在政治方向上头脑始终十分清醒、行动上始终十分坚决，把党和人民的利益放在第一位，把严守党的政治纪律和政治规矩作为终生必修课。

接受人民监督要主动自觉，推动自我革命要坚决果敢。加强纪律性，革命无不胜。

党的十八大以来，出台（修订）了一系列党规党法，全面从严治党体系不断完善。习近平总书记把党内法规纳入中国特色社会主义法治体系，实现纪法贯通、法法衔接，自我革命迈向法治化轨道。

党的十九大以来，纪检监察体制改革深入推进，党和国家监督体系不断健全，自我革命的制度化水平大幅提升。全面从严治党，加强党的自我革命并非仅仅查处和问责触犯党纪国法的干部，更要着眼于破解权力监督难点、解决大党独有难题、跳出治乱兴衰的历史周期率的顶层设计。

世界上所有执政党特别是长期执政的执政党都面临着自我革命的问题，因为自我革命往往缺乏内在的根本动力。中国共产党的自我革命是立足于新时代世情、国情、党情、社情、民情的深刻变化，通过自我加压、自我提升、刀刃向内的坚定信心，维护国家政权安全，巩固执政地位，实现国家长治久安，中国特色社会主义道路越走越宽广。

从政治上看，自我革命遵循着一个"先"与"后"的逻辑。即自我革命在先，社会革命在后；政治生态改善在前，社会生态改善在后；党风转变在前，政风民风转变在后。可以简单概括为以党风带政风促民风、以政治生态的好转带动社会生态的好转、以党的自我革命引领伟大的社会革命。

社会风气的好坏，老百姓学好学坏，主要是看共产党，因为共产党是两个先锋队，是标杆和方向盘，是广大人民群众的主心骨。党风败坏，政风民风肯定会败坏；党风好转，政风民风就会跟着好转。

中国的政治生态关键是看中国共产党的生态，中国共产党是最高政治领导力量，是中国特色社会主义事业的坚强领导核心，中国共产党的生态影响和决定了中国的政治生态。只有中国共产党的生态向好，中国的政治生态才能风清气正，社会生态才会逐步向好向善。

中国共产党只有主动进行自我革命，把自己管好，才有资格和能力带领人民群众进行生产实践斗争，推动伟大的社会革命。中国共产党不仅必须进行自我革命，并且能够进行自我革命，同时中国共产党的自我革命将会不断开辟管党治党新境界、开辟国家治理体系和治理能力现代化新境界、开辟新时代中国特色社会主义发展新境界。

（三）自我革命在重大历史节点上的重大判断

1. 反腐败斗争取得压倒性胜利

2018 年 12 月 13 日召开的中央政治局会议指出："反腐败斗争取得压倒性胜利，全面从严治党取得重大成果。"这是党中央对反腐败斗争形势的重大判断，也是中国共产党成立以来首次宣布反腐败斗争取得胜利。

反腐败斗争胜利的取得，主要是党的十八大以来全面从严治党形势的发展。

2015 年 1 月，习近平总书记在中共十八届中央纪委五次全会上指出："反腐败斗争形势依然严峻复杂，主要是在实现不敢腐、不能腐、不想腐上还没有取得压倒性胜利。"2016 年 1 月，习近平总书记在中共十八届中央纪委六次全会上表示："反腐败斗争压倒性态势正在形成。"2016 年 12 月 28 日，习近平总书记主持中央政治局会议时指出，"反腐败斗争压倒性态势已经形成"。

党的十九大对反腐败斗争形势作出的判断是"反腐败斗争压倒性态势已经形成并巩固发展"，取得胜利并不意味着反腐败斗争可以放松。

从党的十八大以来习近平总书记在重大节点上的讲话中可以

发现，对反腐败斗争形势的判断从"严峻复杂"到"压倒性态势正在形成"，再到"压倒性态势已经形成"，直至到 2018 年 12 月 13 日召开的中央政治局会议正式宣布"取得压倒性胜利"。这是一个艰难曲折的过程，也是一个取得重大成就的重要历程。

党的十八大召开后的 5 年间，全国共立案审查省军级以上党员干部及其他中管干部 440 人，其中，十八届中央委员、候补中央委员有 43 人，中央纪委委员有 9 人。纪律处分厅局级干部 8900 余人，处分县处级干部 6.3 万多人。2014 年至 2019 年 5 月，共从 120 多个国家和地区追回外逃人员 5974 名、追赃 142.48 亿元，这充分表明了党中央反腐败斗争的决心坚如磐石，反腐败的成效十分显著，反腐败的形势发生了深刻变化。

2. 反腐败斗争取得压倒性胜利并全面巩固

党的十九届六中全会强调，党的十八大以来，"在全面从严治党上，党的自我净化、自我完善、自我革新、自我提高能力显著增强，管党治党宽松软状况得到根本扭转，反腐败斗争取得压倒性胜利并全面巩固，党在革命性锻造中更加坚强"。

这个重大判断表明反腐败斗争不但取得了胜利，而且得到了全面巩固。目前虽然依旧面临一系列风险挑战，虽然近几年国家还在不断查处腐败分子，但这些腐败分子掀不起大风大浪，不可能改变反腐败斗争必然会胜利的客观事实，这充分体现了我们党推进全面从严治党的高度自信和自觉。

这个重大判断是在党的十九大以来全面从严治党取得重大成就的背景下提出的。需要指出的是，在这个判断的基础上，习近平总书记在十九届中央纪委六次全会上用四个"任重道远"阐明形势的严峻："我们必须清醒认识到，腐败和反腐败较量还在激烈进行，并呈现出一些新的阶段性特征，防范形形色色的利益集团成伙作势、'围猎'腐蚀还任重道远，有效应对腐败手段隐形变异、翻新升级还任重道远，彻底铲除腐败滋生土壤、实现海晏河清还任重道远，清理系统性腐败、化解风险隐患还任重道远。"这充分表明党中央对反腐败斗争的艰巨性、复杂性的认识更加清醒坚定。

习近平总书记在十九届中央纪委三次全会上强调，要"取得全面从严治党更大战略性成果，巩固发展反腐败斗争压倒性胜利"。习近平总书记在十九届中央纪委四次全会上强调，"党的十八大以来，我们以前所未有的勇气和定力推进全面从严治党，推动新时代全面从严治党取得了历史性、开创性成就，产生了全方位、深层次影响"。

党的十九届五中全会在总结"十三五"时期党和国家事业各方面所取得的历史性成就时，提出"全面从严治党取得重大成果"。习近平总书记在十九届中央纪委五次全会上强调，"全面从严治党首先要从政治上看，不断提高政治判断力、政治领悟力、政治执行力。党的十八大以来，尽管党风廉政建设和反腐败斗争取得了历史性成就，但形势依然严峻复杂。必须清醒看到，腐败这个党执政的最大风险仍然存在，存量还未清底，增量仍有发生"。

党的十八大以来，习近平总书记关于推进党的自我革命发表了一系列重要讲话，作出了一系列重要指示批示和重大决策部署，形成了关于党的自我革命的重要思想。这是新时代全面从严治党所取得的重大理论创新成果，是对马克思主义政党建设理论的丰富和发展。

党的二十大报告坚持了党的十九届六中全会的判断："反腐败斗争取得压倒性胜利并全面巩固，消除了党、国家、军队内部存在的严重隐患，确保党和人民赋予的权力始终用来为人民谋幸福。经过不懈努力，党找到了自我革命这一跳出治乱兴衰历史周期率的第二个答案，自我净化、自我完善、自我革新、自我提高能力显著增强，管党治党宽松软状况得到根本扭转，风清气正的党内政治生态不断形成和发展，确保党永远不变质、不变色、不变味。"

习近平总书记在二十届中央纪委二次全会上强调："新时代十年，我们党不断深化对自我革命规律的认识，不断推进党的建设理论创新、实践创新、制度创新，初步构建起全面从严治党体系。"习近平总书记在二十届中央纪委三次全会上又提出了两个"清醒认识"："经过新时代十年坚持不懈的强力反腐，反腐败斗争取得压倒性胜利并全面巩固，但形势依然严峻复杂。我们对反腐败斗争的新情况新动向要有清醒认识，对腐败问题产生的土壤和条件要有清醒认识，以永远在路上的坚韧和执着，精准发力、持续发力，坚决打赢反腐败斗争攻坚战持久战。"

同时，习近平总书记指出，在深入推进党的自我革命实践中需要把握好九个问题，即："以坚持党中央集中统一领导为根本保证，以引领伟大社会革命为根本目的，以习近平新时代中国特色社会主义思想为根本遵循，以跳出历史周期率为战略目标，以解决大党独有难题为主攻方向，以健全全面从严治党体系为有效途径，以锻造坚强组织、建设过硬队伍为重要着力点，以正风肃纪反腐为重要抓手，以自我监督和人民监督相结合为强大动力。"

习近平总书记关于党的建设的重要思想的"十三个坚持"中有六个方面的内容都属于党的自我革命的范畴，主要是：坚持以党的自我革命引领社会革命，坚持持之以恒正风肃纪，坚持一体推进不敢腐、不能腐、不想腐，坚持完善党和国家监督体系，坚持制度治党、依规治党，坚持落实全面从严治党政治责任。习近平总书记关于党的自我革命的重要思想，是习近平总书记关于党的建设的重要思想的重要内容，是习近平新时代中国特色社会主义思想的重要组成部分，为我们深刻认识"我们党为什么要自我革命、为什么能自我革命、怎样推进自我革命等重大问题"提供了根本遵循。

三、以自我监督和人民监督相结合为强大动力

习近平总书记在二十届中央纪委三次全会上深刻阐述了深入推进党的自我革命"九个以"的实践要求，其中强调"以自我监督和人民监督相结合为强大动力"。这个强大动力的前提是两个监督、"两个答案"的结合。只有外部监督而无内部革命，则自我革命难以持久；只有内部革命而无外部监督，则监督难以有效。

全面从严治党重在全面，关键在制度化建设。从历史唯物主义视角来看，建立完善全面从严治党制度是中国共产党在新的历史时期顺应新时代生产力和生产关系的发展要求、正确应对经济基础与上层建筑之间矛盾运动的必然选择，是强化党的自我革命与社会革命相统一、提升国家能力与党的执政能力相契合的题中应有之义。

2023 年 1 月 9 日，习近平总书记在二十届中央纪委二次全会上的讲话中指出："健全全面从严治党体系，是党的二十大提出的加强新时代党的建设的重大举措。""放眼全世界，没有任何一

个政党能像中国共产党如此严肃认真地对待自身建设，如此高度自觉地以科学的态度、体系化的方式推进自我革命，这是我们党的显著优势，也是引领时代的制胜之道。全面从严治党得到人民群众坚定支持和认可，2022 年国家统计局民意调查显示，97.4％的群众对全面从严治党、党风廉政建设和反腐败工作成效表示满意，比 2012 年提高 22.4 个百分点。"[1]

2023 年 6 月 30 日，习近平总书记在二十届中央政治局第六次集体学习时的讲话中明确指出，"在世界马克思主义政党命运比较和我们党长期执政面临的现实考验中深化对党的自我革命战略思想的规律性认识"[2] 的重大论断。

习近平总书记曾以四个"不容易"告诫全党："功成名就时做到居安思危、保持创业初期那种励精图治的精神状态不容易，执掌政权后做到节俭内敛、敬终如始不容易，承平时期严以治吏、防腐戒奢不容易，重大变革关头顺乎潮流、顺应民心不容易。"[3]

（一）进一步强化纪律意识

全面扎实开展党纪学习教育，要进一步强化纪律意识，自觉学纪、知纪、明纪、守纪，深刻认识纪律、规矩的严肃性，把纪

---

　　［1］　习近平. 健全全面从严治党体系　推动新时代党的建设新的伟大工程向纵深发展［J］. 求是，2023（12）.

　　［2］　习近平. 开辟马克思主义中国化时代化新境界［J］. 求是，2023（20）.

　　［3］　习近平. 习近平著作选读：第二卷［M］. 北京：人民出版社，2023：103-104.

律要求转化为思想自觉和行动自觉。

习近平总书记指出，身为党员，铁的纪律就必须执行。共产党员的底线是党的纪律。群众的底线是法律。法无禁止即可为，群众只要遵守法律规范，就守住了作为一个公民的底线。而党的纪律的标准和要求是严于国家法律的，即"纪严于法"。

一般来说，违法一定违纪，而不违纪一般也不违法。因为法律这么低的基本底线都没有守住，如何保证不违纪呢？而更高标准的党纪如果能守住，一般情况下就不太可能逾越法律的底线。底线同时是带电的高压线，要牢记"纪律就是铁，一碰就流血"。

通过党纪学习教育，要进一步明晰纪律意识、党员意识，不要把党员混同于一般群众，不要把共产党员的底线混同于一般群众的底线。党的纪律的要求在一定意义上属于道德的范畴。同样一个行为，如果发生在群众之间，可能就是一个道德行为、法律行为，但是如果发生在党员干部之间或者党员与群众之间，就有可能属于党的六大纪律约束的范畴。同样一件事，群众可以做，但是党员不能做。某件事对于群众来说是个道德问题或者法律问题，但是对于党员却是个纪律问题，是个标准更高的问题。

党纪是紧箍咒，又是护身符。党纪是对共产党员的约束和保护的辩证统一，是习近平总书记提出的"制度治党、依规治党"的重要体现。党纪是对共产党员各种言行的约束，是紧箍咒，稍有不慎，就可能触犯党纪而受到相应处罚，"动辄得咎"。同时党纪又是共产党员安身立命的"护身符"，只要严格遵照党纪要求，就可以坦坦荡荡，就会安然无恙。严管才是厚爱，信任不能代替监督，动员千遍不如问责一次。制度好了坏人不能干坏事，制度不好好人不能干好事。一体推进"不敢腐、不想腐、不能腐"的关键在于不能腐。

党的十八大以来，全面从严治党取得重大成果，反腐败斗争取得压倒性胜利并全面巩固。"不敢腐"的问题基本得到解决，严的主基调要长期贯彻下去。"不能腐"的问题通过一系列法治化、制度化改革而逐步得到解决，并出台一系列党内法规把党内法规纳入中国特色社会主义法治体系之中，使党纪、政纪、法律相互融通、相辅相成。同时推进纪检监察体制改革，不断完善党和国家监督体系，在制度上实现了监督全覆盖、无死角。在全面从严治党取得重大成就的基础上，通过党纪学习教育，不断增强全党的纪律意识，"不想腐"的内在自觉不断巩固。

严肃党纪永远在路上。习近平总书记指出，"加强纪律建设是全面从严治党的治本之策"。我们党面临的"四大危险"和"四大考验"依然长期存在，必须以严明的纪律推动全面从严治党向纵深发展。

2018 年 12 月 13 日，中央政治局会议正式提出"反腐败斗争取得压倒性胜利"的重大判断，党的十九届六中全会重申了"反腐败斗争取得压倒性胜利并全面巩固"的重大判断。但是反腐败斗争决不能松松劲、歇歇脚，要扎实推进党纪学习教育，落实管党治党政治责任，持之以恒正风肃纪，坚定不移全面从严治党，深入推进新时代党的建设新的伟大工程，全面推进新时代党的新的伟大事业。

新修订的《中国共产党纪律处分条例》释放了越往后执纪越严的强烈信号，明确了党性党风党纪一起抓的重大要求。严肃党纪永远在路上，作风建设永远在路上，自我革命永远在路上，全面从严治党永远在路上。

党纪和作风的本质是党性，党纪意识弱化、作风不硬本质上反映的是党性不强，自我革命不深入不彻底。当前，全面从严治党依然面临严峻复杂形势，反腐败斗争一刻也不能放松。加强纪律性，革命无不胜。

统览世界百年未有之大变局和中华民族伟大复兴战略全局，要求全党进一步强化党纪意识，发挥纪律建设标本兼治作用，加强党性修养和党性锻炼，永葆建党时期的奋斗精神，永葆对人民群众的赤子之心，为以中国式现代化全面推进强国建设、民族复兴伟业提供坚强纪律保障。

（二）牢牢抓住领导干部这个"关键少数"

推进全面依法治国，加快建设社会主义法治国家，需要抓住领导干部这个"关键少数"。2020 年 11 月 16 日，习近平总书记在中央全面依法治国工作会议上强调："要坚持抓住领导干部这个'关键少数'。""各级领导干部要坚决贯彻落实党中央关于全面依法治国的重大决策部署，带头尊崇法治、敬畏法律，了解法律、掌握法律，不断提高运用法治思维和法治方式深化改革、推动发展、化解矛盾、维护稳定、应对风险的能力，做尊法学法守法用法的模范。"[1]

2021 年 3 月 27 日，中共中央印发《中共中央关于加强对"一把手"和领导班子监督的意见》，旨在加强对主要领导干部和领导班子的监督，通过抓好"关键少数"带动"绝大多数"，是推动全面从严治党向纵深发展的重要举措。习近平总书记在党的二十大报告中强调："锲而不舍落实中央八项规定精神，抓住'关键少数'以上率下，持续深化纠治'四风'，重点纠治形式主义、官僚主义，坚决破除特权思想和特权行为。"[2]

哪些人算是"关键少数"呢？中央委员会成员、省部级领导干部等当然算是关键少数。但是对于各级党组织、各级政府机关来说，"关键少数"的范围就更加宽泛。应该说，只要承担了一

---

[1]　习近平. 习近平谈治国理政：第四卷 [M]. 北京：外文出版社，2022：298.

[2]　习近平. 习近平著作选读：第一卷 [M]. 北京：人民出版社，2023：56.

定领导职务、党内职务的同志都是"关键少数"，如村支部书记、党支部委员、党小组组长、副科级以上干部等。广义上来讲，全体党员都是"关键少数"。

中国共产党是卓越的先进的政治组织，不是谁都可以随随便便加入的，每一名共产党员都要接受组织考验和人民检验。能够成为中国共产党这个光荣伟大的组织中的一员，本身就是很不容易的事，自然是"关键少数"。

从更广泛的意义上来讲，即使不是中国共产党党员，但是在有关领域作出了一定贡献的业务骨干、劳动模范、三八红旗手等也是"关键少数"，应该具有强烈的自我革命精神。

在一个县区范围内，副科级以上干部应该算是"关键少数"。特别是对一个乡镇、办事处而言，往往辖区内人口达数万人以上，但领导班子中正科级干部一般只有书记、镇长（主任）、人大主席（人大工委主任）等，正科级干部和副科级干部一般在 10 名左右，这 10 名副科级以上干部对于全乡镇（办事处）的几万人口而言，自然应该是"关键少数"。同样，在一个地级市范围内，副处级以上干部应该是"关键少数"。对一个单位而言，班子成员应该是"关键少数"，对一个部门而言，部门领导应该是"关键少数"。

（三）自我革命永远在路上

党的自我革命永远在路上是党的二十大报告提出的重要论断。

这一重要论断可以从以下三个方面来理解。

1. 深刻认识三个"永远在路上"

（1）作风建设永远在路上。习近平总书记强调："作风问题本质上是党性问题。"[1] 作风不正，反映的根本问题是党性不强，作风是党性的外在表现，也是人民群众认识和评价党的重要依据。如果党性问题没有解决，作风问题就不可能得到解决。"作风问题具有顽固性和反复性，抓一抓有好转，松一松就反弹。"[2]

作风问题不是一时一地一事的问题，而是要常抓不懈的常态化问题，稍有放松，就可能松弛下去。同时作风和党性并不必然随着党员干部的年龄和职务的增长而自然增长。因此，"作风建设永远在路上，必须常抓不懈"[3]。同时我们也应该深刻认识到，作风强是党性强的基本前提，但是作风强的同时还要提升各项工作能力。

作风是一种态度，一种品格，一种信念，是事业成功的必要条件。同时，不断提升政治能力、科学决策能力、群众工作能力等各项能力，才能把事情做好，因为能力是事业成功的关键。作

[1] 习近平. 习近平著作选读：第二卷 [M]. 北京：人民出版社，2023：110.

[2] 习近平. 习近平著作选读：第一卷 [M]. 北京：人民出版社，2023：89.

[3] 习近平. 习近平著作选读：第二卷 [M]. 北京：人民出版社，2023：111.

风和能力接近于"德"和"才"。《资治通鉴·周纪一》中说："才者，德之资也；德者，才之帅也。"一名合格的党员干部，必须既具备全心全意为人民服务的良好作风，同时还要具备高超的工作能力，把为群众办事和提升群众服务能力结合起来。

（2）自我革命永远在路上。自我革命作为中国共产党跳出治乱兴衰的历史周期率的第二个答案，应该被铭记在每一名党员心中，没有了这个答案，"人民监督"的第一个答案就难以成立。

自我革命的本质就是自我监督，比外部的人民监督更难。如果中国共产党没有了自我革命的勇气和信心，就不可能始终接受人民群众的批评和监督。内因是变化的根据，外因是变化的条件。自我革命的决心越坚定，人民监督的成效就越显著，反之亦然。

自我革命是人民监督的根本基础，人民监督是自我革命的外部条件。两者之间既不是简单的决定与被决定的关系，也不是简单的相互并列的平行关系，而是相互促进、相辅相成、相互影响、相得益彰的辩证关系。人民监督可以促进自我革命的坚定性，自我革命可以促进人民监督的自觉性。自我革命永远在路上不仅意味着自我革命要长期持续下去，更意味着自我革命的强度、广度和力度会不断深化。

（3）全面从严治党永远在路上。全面从严治党一刻也不能放松，必须把严的主基调贯彻下去，反腐败斗争是持久战。同时，全面从严治党不仅表现在一定时间节点上攻坚，更体现在某些重要领域、关键岗位的集中攻坚，如治理金融领域、医疗领域、粮食购销领域等的腐败问题的专项攻坚。全面从严治党永远在路上，意味着反腐败斗争既是攻坚战，又是持久战。

1985 年 11 月 24 日，中共中央整党工作委员会在《关于农村整党工作部署的通知》中提出，"要从严治党，坚决反对那种讲面子不讲真理，讲人情不讲原则，讲派性不惜牺牲党性的腐朽作风"。这是中央文件中首次明确提出"从严治党"。

"从严治党"首次进入党代会报告是在党的十三大，首次写进党章是在党的十四大。党的十八大以来，以习近平同志为核心的党中央创造性地提出"全面从严治党"，"全面"二字既表明了党中央推进党的自我革命的勇气和信心，更是内在蕴含了"永远在路上"的重大要求。全面从严治党，特征是"全面"，关键是"从严"，本质是"党的持续自我革命"。

2. 深刻认识两个"长期存在"

（1）"四大考验"长期存在。"四大考验"不仅长期存在，并且考验还会越来越大。中国共产党作为长期执政的马克思主义政党，要时刻面对市场经济不断完善并日益融入全球化进程的考验。当前外部环境的考验更加复杂多变、波诡云谲，不确定难预料因素不断增多，改革开放进入关键节点和重大转型，全面深化改革早已进入攻坚期、深水区，未来的改革会更加全面、更加深化，面对的诱惑和压力会越来越大。

中国共产党今天面临的考验已经不是当年毛泽东所担心的"糖衣炮弹"，而是在经济快速发展、生产力迅速提升中产生的巨大利益考验。"考验"是时时刻刻存在的，伴随着我们的一生。有人认为只要一个干部经受住了重大考验，就一定不会出问题，这个观点是经不起推敲的。事实上，一个干部是否能经受住重大考验，和他出不出问题并没有必然联系。有些干部看似一辈子兢兢业业，却在退休后被立案调查。有些干部被查之后觉得很委屈，总认为自己曾经作出了很大的贡献，贪点儿占点儿心安理得。

辽宁省公安厅原厅长李文喜收受贿赂数额巨大，但在面对调查谈话时，他依然标榜自己："我当了一辈子公安，干了两辈子的活，得罪了三辈子的人。"当时中纪委的相关领导就直接对他说："你光说这三句话，后边还落了两句呢，你贪了四辈子的钱，犯了五辈子的罪！"

新中国反腐败第一大案的主角刘青山、张子善，在中华人民共和国成立之前都经受住了重大考验甚至生死考验，也为革命胜利作出了一定的贡献。但中华人民共和国成立后不久，他们就迅速变质为腐败分子，站在了党和人民的对立面。所以，面对"四大考验"长期存在的现实，要按照习近平总书记提出的"制度治党、依规治党"才能实现标本兼治。为权力明确边界，为行为明确标准，为思想明确方向，才能真正把权力关在制度的笼子里。

（2）"四大危险"长期存在。"四大危险"不仅长期存在，并且危险还会越来越大。精神懈怠的危险是指满足于现有的成绩而不思进取，失去了保持先进性和纯洁性的内生动力。能力不足是指难以适应迅速变化的执政环境，难以跟上时代步伐，甚至有些党员落后于群众，跟在群众后面，难以满足和实现广大人民群众的利益关切和期待，逐渐丧失先锋队的资格。脱离群众的危险一直都存在，官僚主义、形式主义就根源于脱离群众，高高在上，自我感觉良好，离群众越来越远，初心使命日渐淡漠，难以洞察群众的情绪和要求，成为凌驾于群众之上的特殊利益群体。消极腐败在今天某种程度上已经变成了积极腐败，究其根源，还是权力行使的监督不力，管党治党"宽松软"所致。"四大危险"中的任何一个都会对党的生命力和战斗力形成致命威胁，并且这"四大危险"是相伴相生的，并非孤立存在。

3. 深刻认识"一个规定改变中国"

"一个规定改变中国"即八项规定改变中国。八项规定已经成为全面从严治党的代名词，从八项规定开始破题开局，全面从严治党取得重大成果。

随着中央八项规定的深入贯彻落实，党风政风发生了巨大变化。大家普遍都意识到从党的十八大开始，中国共产党和过去不一样了。过去一个时期的政治生态必须在新时代条件下快速扭转，重振纲纪，取信于民，进一步落实党的群众路线，坚持实事求是，严守纪律规矩。严管才是厚爱，信任不能代替监督，动员千遍不如问责一次，锲而不舍落实中央八项规定精神，决不能有丝毫放松。

第四章　始终坚持人民至上的政治立场

1944年9月8日，毛泽东在张思德同志追悼会上，发表著名的《为人民服务》的演讲。自此，为人民服务成为我党及其军队和一切革命同志的普遍要求与行为规范。毛泽东强调为人民利益而死重于泰山，否则就轻于鸿毛。1945年，党的七大把"全心全意为人民服务"作为党的宗旨写进党章。1947年1月12日，不满15周岁的共产党员刘胡兰（山西省吕梁市文水县云周西村人），面对敌人的铡刀毫不畏惧，英勇献身，以生命践行了共产党员的誓言。当任弼时把刘胡兰英勇牺牲的消息告诉毛泽东时，毛泽东沉痛地写下了"生的伟大，死的光荣"八个大字。张思德只是一名普通的革命战士，刘胡兰只是一名普通的共产党员，但是他们是无愧于真正的英雄称号的。

一、人民是真正的铜墙铁壁

毛泽东指出，千百万真心实意拥护革命的群众是真正的铜墙铁壁。他曾在江西瑞金召开的第二次全国工农兵代表大会上指出，"我们现在的中心任务是动员广大群众参加革命战争"，而且"只有动员群众才能进行战争，只有依靠群众才能进行战争"。在著名的《论持久战》中，毛泽东直接指出："战争的伟力之最深厚的根源，存在于民众之中。日本敢于欺负我们，主要的原因在于中国民众的无组织状态。克服了这一缺点，就把日本侵略者置于我们数万万站起来了的人民之前，使它像一匹野牛冲入火阵，我们一声唤也要把它吓一大跳，这匹野牛就非烧死不可。"[1]

（一）兵民是胜利之本

朱德在全面抗战爆发初期正确分析了抗战的形势："打了许多仗。虽然敌人取得了一些胜利，但这些地区的大部分城市和乡村仍然掌握在我们手里。……一支军队只要懂得如何同人民合作，即使处于孤立无援的地位，也是消灭不了的。"[2]

习仲勋在人民群众支援前线的实践中深切体会到："人心的

[1]　毛泽东. 毛泽东选集：第二卷 [M]. 北京：人民出版社，1991：511-512.

[2]　伊斯雷尔·爱泼斯坦. 爱泼斯坦作品集　人民之战 [M]. 贾宗谊，译. 北京：新星出版社，2015：193.

向背是战争胜负的决定因素，有全边区人民的竭诚至亲地拥护我军，无私无畏地支援我军，必然使敌陷于人民战争的汪洋大海之中而遭到灭亡。"[1]

抗战胜利前夕，陕甘宁边区爆发了爷台山反击战，全歼入侵的国民党军5个连及1个营部，毙伤敌100余名，俘敌营长以下36名，缴获轻重机枪19挺及大批弹药。我人民军队大获全胜，沉重打击了国民党企图夺取关中、全面发动内战的企图。

爷台山反击战是一曲军民团结的胜利之歌。"这里的群众不仅哺育了我们，而且冒着生命危险支援了我们。我们的每一个胜利包含着他们的功劳。这也是我们指战员的共同心声。"[2] "蒋胡军进攻延安前后，全边区共组织了两万余人的游击队和十多万民兵，活跃在整个陕北的沟沟岔岔、山山峁峁，断敌交通，打敌据点，伏击车队，缉查敌特，配合主力作战，搞得敌人昼夜不宁。"[3] 边区的男女老少都紧急动员起来，勇敢地参加担架运输、供应粮草、挑水送饭、做鞋洗衣、带路送信、救护伤员、站岗放哨等支前活动。

---

[1] 《习仲勋传》编委会. 习仲勋传：上卷 [M]. 北京：中央文献出版社，2013：568.

[2] 《习仲勋传》编委会. 习仲勋传：上卷 [M]. 北京：中央文献出版社，2013：400.

[3] 《习仲勋传》编委会. 习仲勋传：上卷 [M]. 北京：中央文献出版社，2013：567.

"据一年间不完全统计，全边区参加抬担架、当向导、后勤运输、看押俘虏、修筑工事的民兵民工达二百一十八万多人次，做军鞋九十二万九千双，筹送粮食一百二十万余担，柴草一亿二千万多斤，动员了四万二千名青年参军。边区一百六十万群众都是人民军队的耳目，自动探听敌情，传递情报，敌人的一举一动我们都了如指掌；而对敌人却严密封锁消息，守口如瓶，使敌人像瞎子一样乱撞乱窜，不是跳进我伏击圈，就是被我小部队牵上到处'游行'。"[1]

重庆谈判之后，非但没有实现全国人民希望的和平，国民党反而加紧了对解放区的进攻。当时摆在中国共产党面前的前途就是继续谈判还是针锋相对继续打。中国共产党坚持对自己掌握的武装力量的领导权，在这一问题上决不让步："是不是要把我们的枪交给他们呢？那也不是。交给他们，他们岂不又多了！人民的武装，一枝枪、一粒子弹，都要保存，不能交出去。"[2]

1946 年 8 月，毛泽东在与美国记者安娜·路易斯·斯特朗谈话时提出了著名的"原子弹是纸老虎"的观点。"原子弹是美国反动派用来吓人的一只纸老虎，看样子可怕，实际上并不可怕。

---

[1] 《习仲勋传》编委会. 习仲勋传. 上卷 [M]. 北京：中央文献出版社. 2013：567-568.

[2] 毛泽东. 毛泽东选集：第四卷 [M]. 北京：人民出版社，1991：1161.

当然，原子弹是一种大规模屠杀的武器，但是决定战争胜败的是人民，而不是一两件新式武器。"[1]

1946 年 7 月初，习仲勋主持召开西北局扩大会议，传达了毛泽东的谈话精神和党中央的北线作战意图，正确分析了当时面临的军事形势："国民党军队的人数和装备都比边区要强。但是我们的队伍是党中央、毛主席领导和指挥的人民军队，有着广大人民群众的支持和拥护，人民的武装必定能够战胜反人民的武装。"[2]

1946 年 3 月 16 日，胡宗南大军压境，逼近延安，形势十分危急，但毛泽东和周恩来依然从容不迫，指挥若定，不愿意撤离延安，并指出"这里群众基础好，地形好，回旋余地大，还是留在这里好，群众坚持战斗，我们要和群众在一起"[3]。在青化砭战役正式打响之前，彭德怀也极富感情地说："这里是老革命根据地，群众基础好得很。大家要坚信，根据地里的群众，是不会向敌人告密的。"[4]

---

[1] 毛泽东. 毛泽东选集：第四卷［M］. 北京：人民出版社，1991：1194-1195.

[2]《习仲勋传》编委会. 习仲勋传：上卷［M］. 北京：中央文献出版社，2013：440.

[3]《习仲勋传》编委会. 习仲勋传：上卷［M］. 北京：中央文献出版社，2013：472.

[4]《习仲勋传》编委会. 习仲勋传：上卷［M］. 北京：中央文献出版社，2013：483.

1946 年 11 月 18 日，毛泽东为中共中央起草关于蒋介石召开伪国大和准备进攻延安给各中央局的指示。"这个指示，第一次将'自卫战争'改称'人民解放战争'，并指出蒋介石的前途是灭亡。"[1]

（二）人民就是江山

1939 年 2 月 20 日，毛泽东给张闻天写了一封信，谈了自己对孔子哲学思想的看法。毛泽东认为孔子的哲学思想是为统治阶级服务的，而我们无产阶级的道德观是为人民服务的。

1942 年 5 月，在延安文艺座谈会上，毛泽东强调我们的革命的文艺是为人民服务的。毛泽东充分肯定人民的价值，始终把人民的利益放在第一位，认为文艺是为工农兵服务的，为群众服务就是文艺的根本价值尺度。"我们的文艺，既然基本上是为工农兵，那末所谓普及，也就是向工农兵普及，所谓提高，也就是从工农兵提高。"[2]

1949 年 9 月，毛泽东在《唯心历史观的破产》一文中指出："世间一切事物中，人是第一个可宝贵的。在共产党领导下，只

---

[1]　中共中央文献研究室. 毛泽东年谱（一八九三—一九四九）：下卷[M]. 北京：中央文献出版社，2013：150.

[2]　毛泽东. 毛泽东选集：第三卷[M]. 北京：人民出版社，1991：859.

要有了人，什么人间奇迹也可以造出来。"[1] 马克思主义认为，人是生产力与生产关系中最活跃的因素。生产工具的创新、生产力的发展、生产关系的变革、上层建筑的改革等都需要人来完成。忽视人的因素、见物不见人的"唯生产力论"往往把制度的力量、自然的力量放在首位，而仅仅把人看作重要的却是被动的因素，人的主观能动性和创造性被严重低估甚至忽略。

事实上，即使在市场经济条件下，仅仅从生产要素变革的考察中就可以了解人的首要作用。在土地、资本、技术、劳动力等传统的生产要素中，劳动力是最主动、最有力的根本的力量，没有人的参与和创造，土地资源无法有效利用，资本无法运转，技术无法革新。

2021 年 2 月 25 日，习近平总书记在全国脱贫攻坚总结表彰大会上的讲话中提出了"人民是真正的英雄"的重大命题："事实充分证明，人民是真正的英雄，激励人民群众自力更生、艰苦奋斗的内生动力，对人民群众创造自己的美好生活至关重要。"[2] 在以习近平同志为核心的党中央坚强领导下，全党全国投入了大量的资源，各级党员干部在脱贫攻坚伟大进程中付出了巨大的代

---

[1] 毛泽东. 毛泽东选集：第四卷［M］. 北京：人民出版社，1991：1512.

[2] 习近平. 习近平谈治国理政：第四卷［M］. 北京：外文出版社，2022：136.

价，甚至有 1800 多名党员干部的生命定格在了脱贫攻坚征程上。我们之所以能够完成人类历史上如此辉煌的壮举，取得如此划时代的成就，得益于广大人民群众的理解、支持和配合。因为群众非常清楚，中国共产党是人民的党，是为了让人民过上好日子的党。

1999 年 10 月 1 日，已经 86 岁高龄的习仲勋全程参加了庆祝中华人民共和国成立 50 周年大会。"看着气势恢宏的场面，习仲勋深受感染，由衷地赞叹道：江山是人民的江山！"[1] 他对江泽民说："这个盛况、这种场面，充分显示了人民是江山，江山就是人民。"[2]

2021 年 5 月 14 日，习近平总书记在河南省南阳市主持召开推进南水北调后续工程高质量发展座谈会并发表重要讲话。习近平总书记步行察看村容村貌，并到移民户邹新曾家中看望，同他们一家三代围坐在一起聊家常，了解移民生活情况。习近平总书记指出："人民就是江山，共产党打江山、守江山，守的是人民的心，为的是让人民过上好日子。我们党的百年奋斗史就是为人

[1]《习仲勋传》编委会. 习仲勋传：下卷 [M]. 北京：中央文献出版社，2013：657.

[2]《习仲勋传》编委会. 习仲勋传：下卷 [M]. 北京：中央文献出版社，2013：658.

民谋幸福的历史。"[1] 人民就是江山，江山就是人民。而党就是人民的靠山，是人民的主心骨，是引领人民走向更加美好生活的方向盘，是带领人民开天辟地、改天换地的坚强领导核心。

习近平总书记提出的新质生产力理论把人的因素放在极其重要的地位，强调新质生产力"由技术革命性突破、生产要素创新性配置、产业深度转型升级而催生，以劳动者、劳动资料、劳动对象及其优化组合的跃升为基本内涵，以全要素生产率大幅提升为核心标志，特点是创新，关键在质优，本质是先进生产力"[2]。

在劳动者、劳动资料、劳动对象三者中，劳动者居于第一重要的位置，我们可以把劳动者定义为"人才"，因为随着生产要素的创新性配置与产业的快速转型升级，各个工作岗位都需要有较高科学素养与技术水准的人才，传统的蓝领与白领的区分已经逐渐淡化，所有的劳动者都是发展新质生产力所需的人才。

在三者的优化组合中，人居于第一主动的位置，只有人主动把自己以及掌握的劳动资料、面对的劳动对象进行优化组织，才能实现结构性变革。而在优化组织跃升的层次上，劳动者的核心

---

[1] 习近平在推进南水北调后续工程高质量发展座谈会上强调　深入分析南水北调工程面临的新形势新任务　科学推进工程规划建设提高水资源集约节约利用水平 [N]. 人民日报，2021-05-15 (1).

[2] 习近平在中共中央政治局第十一次集体学习时强调　加快发展新质生产力　扎实推进高质量发展 [N]. 人民日报，2024-02-02 (1).

因素、人才是第一资源充分显现。跃升不仅仅是生产力的跃升，还包括生产关系的跃升、劳动者的跃升。所以习近平总书记着重强调："要按照发展新质生产力要求，畅通教育、科技、人才的良性循环，完善人才培养、引进、使用、合理流动的工作机制。要根据科技发展新趋势，优化高等学校学科设置、人才培养模式，为发展新质生产力、推动高质量发展培养急需人才。要健全要素参与收入分配机制，激发劳动、知识、技术、管理、资本和数据等生产要素活力，更好体现知识、技术、人才的市场价值，营造鼓励创新、宽容失败的良好氛围。"[1]

（三）让人民群众得到实实在在的利益

中国传统社会尽管是皇帝家天下，但是皇帝如果不能正确处理和老百姓的关系，他的统治最后往往会被人民起义所推翻。古代的皇帝也大多知道这其中的道理，那就是治国理政必须以民为本，民为天下先，因为"水能载舟，亦能覆舟"。

民本思想在古代有着非常深厚的思想根基，从孔子的"仁政"到孟子的"民贵君轻"思想，无不闪耀着民本思想的光辉。中国共产党继承了古代社会朴素的民本思想，并在无产阶级政党的意识形态中进行融合改造，形成了中国共产党推进国家治理的

---

[1]　习近平在中共中央政治局第十一次集体学习时强调　加快发展新质生产力　扎实推进高质量发展 [N]. 人民日报，2024-02-02（1）.

价值基点——以人民为本。

以人民为本并非只在革命时期适用——因为要夺取政权，所以必须处理好与人民的关系。坚持以人民为本，在执政时期特别是在长期执政的条件下，更要坚持以人民为本，这是共产党从胜利走向胜利的重要法宝。

中国共产党经常强调的"两个最大"即最大的优势是密切联系群众，最大的危险是脱离群众，其关键要害在第二个"最大"。一旦密切联系群众这个"最大"出了问题，其结果必然是脱离群众。

我们很少听到广大人民群众在背后说毛主席的坏话，甚至诋毁毛主席，尽管毛主席是人不是神，也曾经犯过错误，出现过政策偏差，但人民群众依然对毛主席有着深厚的感情。这主要是因为毛主席身上有两个突出特点，特别值得我们学习。一是毛主席从来没有私心，他的整个家族为了中国革命的胜利付出了巨大的牺牲，6位亲人献出了生命。在革命胜利后他的家人也没有因为毛主席的原因而谋取任何私利；二是毛主席对待人民群众的一以贯之的态度，就是既要对群众有感情，还要有方法。

对人民群众的感情就是共产党的阶级感情，因为共产党来自人民群众，共产党的发展壮大也是靠人民群众的支持，这种感情是天然的，人民立场就是共产党的政治立场。再一个就是采取什么方法让群众信服。毛主席的方法就是让人民得到利益。人民群众只要能够得到实实在在的实惠，就会坚定不移地跟着共产党走。如果与民争利，在利益问题上与人民群众斤斤计较，甚至侵害群众利益，那就会走向反面。

密切党群干群关系的关键就在于正确处理好人民群众最关切最现实的利益问题，其他都不是什么大问题。正因为如此，人民群众才愿意在历史的洪流中毅然决然地选择跟着共产党走，因为共产党能够给人民群众带来对美好生活的希望和追求。其实，何止是对普通的人民群众是这样，对各民主党派又何尝不是如此？中国民主促进会的主要创始人马叙伦在 1958 年 6 月 5 日写下了他的深切体会："我们只有跟着共产党走，才是在正道上行，才有良好的结果，否则根本上就错了。"[1]

坚持以人民为中心，让人民群众得到实实在在的利益，在全面深化改革的今天依然是无比正确的政治判断。古代官员被称为父母官，其实背后就蕴含了深厚的民本主义思想。中国的传统文化比较注重后代传承，特别是父母对子女的呵护、培养是不惜一切代价的。这种传统当然有利有弊，但总体上讲这是中华传统文化的基因，恐怕还会一代一代传承下去，这同样也是中华文明成

---

[1] 马今. 跟着共产党走，才是在正道上行：我的祖父马叙伦 [J]. 民主，2021（5）：39-43.

为世界上唯一从未中断的文明的一个重要原因。

这里面隐含的一个逻辑就是，父母对于孩子的爱是无私的、没有代价的，是一种全身心的、只讲付出从不问回报的爱。俗话说，只有对不起父母的孩子，但从来没有对不起孩子的父母。因此，皇帝任命的官员被称为父母官，意味着官员就是家长的角色，其治下的老百姓就是其子女，哪里会有对不起子女的家长呢？就是说官员必须对老百姓好才称得上是父母官，否则可能在道义上就说不过去，在政治上还很有可能被问责。

"召父杜母"说的就是中国古代官员的角色担当。西汉南阳太守召信臣对待老百姓像父亲对待子女一样，被称为"召父"；东汉南阳太守杜诗对待老百姓像母亲对待子女一样，被称为"杜母"。河南省南阳市市区至今仍有两条主干道分别以"信臣路""杜诗路"命名，以表达南阳人民对这两位父母官的怀念与感恩。因此，不能一说封建的、古代的东西就是不好的，现代的很多理念都发端于我们老祖宗的智慧，中国共产党是在中国传统文化的土壤中成长起来的。国家治理的价值基点就来源于中华文化的优秀传统。

在新的时代条件下，我们的立党宗旨、执政理念仍然是以最广大人民群众的利益实现为依归，党是实现人民利益的工具、手段，人民群众的利益是党奋斗的目标、目的。我们称党的干部为人民公仆，强调为官一任、造福一方，就是要求我们的干部要真心实意呵护人民群众，甘于奉献，敢于担当，勇于负责。有的干部经常埋怨老百姓素质差、水平低，其实这恰恰反映了部分干部的素质和水平跟不上时代步伐，不符合人民期待。试想：如果人民群众的能力和水平远远超过了共产党，那么共产党的先锋队地位体现在哪里？怎么可能会是共产党领导人民群众呢？可能就是共产党被人民群众领导了。如此简单朴素的道理许多党员干部悟不透、理不清，他们就很有必要补补课了。

在十八大之前的一个时期里，部分党员干部脱离群众的作风深深刺痛了人民群众的心。所谓公仆，就是指人民群众是主人，党员干部是仆人，但是哪里有凌驾于人民群众之上的仆人？群众合理质疑的背后是对共产党政治立场的怀疑，说明人民群众对共产党的人民立场、群众观点，对共产党的党风政风，对整个政治生态、社会生态是有不满意的地方的。党的十八大以来，党中央迅速出台八项规定，大力整治"四风"，开展群众路线实践教育活动，推进全面从严治党，就是为了挽回人心，唤醒共产党人的意识，找回国家治理最根本的价值基点——以人民为本。

二、红旗渠是坚持人民至上的典范

修建红旗渠从最初的讨论决策到动员、施工，再到胜利完成，充分彰显了党的群众路线这一根本工作路线，是坚持人民至上、"为了人民、依靠人民"的典范。红旗渠的修建之所以能够克服千难万险取得成功，最根本的原因是红旗渠是人民之渠，是林县人民的幸福之渠，得到了广大群众的衷心拥护和全力支持。红旗渠从一个似乎遥不可及的梦想到变成现实，是党的群众路线在社会主义革命和建设时期的精神结晶，是党顺应林县广大人民群众的愿望和利益关切并发挥党的领导核心作用而铸就的不朽丰碑。

（一）为谁修渠

为了谁，这是一个非常严肃的马克思主义哲学问题和价值立场问题。为了谁事关价值主体和历史主体，明确了这个主体，就明确了我们奋斗的方向。修建红旗渠的主体是人民群众，红旗渠凝结着人民群众对改变生存环境、依靠自身力量实现幸福生活的美好愿望。红旗渠总设计师杨贵认为，红旗渠精神最重要的就是"为了人民、依靠人民"，特别是"为了人民"，堪称红旗渠精神的灵魂。他说，必须在自己内心深处完全树立起全心全意为人民服务的思想，人民才会跟着你去艰苦奋斗。红旗渠建设特等劳模李改云说："红旗渠是怎么修成的？我觉得就是两条，领导的决策和群众的干劲，只要这个决策是想老百姓所想，为的是老百姓最需要的东西，那老百姓就舍了命跟你走。"[1]

利益是最大的动力，人民群众的利益是中国共产党人奋斗的最大动力。杨贵之所以说"为了人民"是红旗渠精神的灵魂，是因为只有为了人民才能依靠人民，"为了人民"道出了中国共产党人始终不变的初心和使命，也使党心和民心始终在一起有了最坚实的基础。人心齐，泰山移。人民的力量是无穷的，只要让人民的利益得到实现，人民的力量就会转变成改造世界的势不可当的磅礴力量。

杨贵和县委一班人决定修红旗渠时，对人心的把握是有充分信心的，他们已经深深意识到了只要党决心修红旗渠，就必定能够得到人民毫无保留的支持，因为林县人民对于水的渴望已经刻在骨髓、渗进血液里了。谁能带领林县人民实现这个千年梦想，林县人民就会舍了命跟谁走。因为林县县委已经决定舍了命带领群众把这个宏图大业变成现实，已经把个人的生死荣辱置之度外；因为中国共产党人除了最广大人民群众的利益之外没有自己的任何私利，为了人民的利益可以牺牲自己的一切包括生命。

只要领导决策正确，群众就会干劲十足。在水的问题上，林县人民没有退路，林县共产党人更没有退路。如果这个问题不解

---

[1]　刘维涛、曲昌荣. 人民的力量是战无不胜的：《红旗渠精神展》参观侧记 [N]. 人民日报，2004-10-03（2）.

决，林县共产党人就没法向人民交代，尽管修建红旗渠困难重重，但是林县共产党人没有任何理由退缩，因为共产党是人民的唯一靠山。如果林县县委没勇气和力量带领群众实现对用水自由的渴望和梦想，那么林县就永远走不出千年旱魔的阴影。

资料显示，1949 年前，"林县 550 个村庄中，就有 307 个村 28 万人一年四季得走远路取水吃，占全县总户数的 56％，其中：跑 5 里（注：1 里＝0.5km）地以上取水吃的有 181 个村，占总数的 58.95％；跑 10 里地以上的有 94 个村，占 30.6％；跑 10—20 里的有 30 个村，占 9.7％；跑 20—30 里的有 2 个村，占 0.65％。全县每年因为远道取水的工在 300 万个以上，相当于种 15 万亩（1 万公顷）土地所需要的劳动力"[1]。可以说，红旗渠不是要不要修，而是必须修，并且修得越早越好、越快越好。

水关系到林县人民的生存问题，同样也是林县共产党人的政治问题，只有下决心为人民修渠，在政治上才算得上合格，如果在修渠问题上瞻前顾后、犹疑不前，就丢失了共产党人的根本立场。实践和历史充分证明林县共产党人向林县人民交出了满意的答卷，极大地增强了广大群众对共产党人的信心，巩固和提升了党执政的群众基础和阶级基础。

党是主心骨，人民群众在党的正确决策带领之下能迸发出冲

---

[1] 杨贵. 人民公社造山河 [M]. 郑州：河南人民出版社，1960：9.

天的干劲，创造出移山填海的旷世奇迹。党的正确主张要转化为群众可以触摸和感知的实实在在的物质载体，转化为改造客观世界的强大威力，让人民群众在无怨无悔的集体奋斗中掌握自己的命运，过上向往的美好生活。

党不仅仅要走在时代前列带领群众，更重要的是要和群众一同劳动、一起奋斗，共同创造属于最广大人民群众的幸福生活。红旗渠就是一首经久不息的赞歌，赞美英明伟大的中国共产党，赞美英雄的林县人民。党和人民一起奋斗，铸就了巍然屹立的太行丰碑，同时也铸就了共产党人的精神丰碑。

林县人民勤劳勇敢，同时始终相信党，坚定不移跟党走，有着极为可贵的政治觉悟。可能当时的林县人民文化水平并不高，但是其骨子里对共产党人的衷心拥护却是成就红旗渠精神的最为可贵的品质。林县人民的内心深处有一种强烈的信念：跟着共产党走肯定没有错。因为共产党代表了正确的方向，代表了人民的利益，是真正的纯粹的为了人民的利益赴汤蹈火、英勇奋斗的伟大的党。

在艰苦的条件下，在社会主义建设的时代洪流中，林县县委一发出修建红旗渠的号召，林县人民就奋不顾身、义无反顾地投入到艰苦卓绝的修渠事业中。这种党和人民同生死、共命运的伟大力量，是任何困难都阻挡不了的。

中国共产党之所以是先进的卓越的政党，最根本的原因是有人民强大的支持，这是党的独特政治优势和战胜一切艰难险阻的坚实基础。世界上没有无缘无故的爱，也没有无缘无故的恨，更没有无缘无故的生死相依、水乳交融。在党的百年奋斗历程中，党的意志和人民的意志始终如一，党的奋斗和人民的意愿始终同向同行，党的事业和人民的期待始终相伴相随。党在新民主主义革命时期形成的军政军民团结和党群干群关系密切的优良传统在红旗渠修建中得到充分彰显，党和人民始终在一起的初心使命在红旗渠修建中得到充分检验。

（二）依靠谁修渠

人民的力量是党的最大底气，党和人民的团结是修建红旗渠的最坚实基础。人民的幸福美好生活要靠脚踏实地的奋斗来实现，人民能够通过自己的奋斗改变命运、改写历史。人民是真正的英雄，这不仅是一种价值立场，更是因为人民群众中蕴藏着最深厚的伟力。

红旗渠开始修建之时有人问杨贵："林县多大的荷叶敢包这么大的粽子？"杨贵回答说："我们有五十五万人民。"杨贵的底气就在于英雄的林县人民在党的领导下组织起来，形成的强大合力。

恩格斯指出："历史是这样创造的：最终的结果总是从许多

单个的意志的相互冲突中产生出来的，而其中每一个意志，又是由于许多特殊的生活条件，才成为它所成为的那样。这样就有无数互相交错的力量，有无数个力的平行四边形，由此就产生出一个合力，即历史结果，而这个结果又可以看做一个作为整体的、不自觉地和不自主地起着作用的力量的产物。因为任何一个人的愿望都会受到任何另一个人的妨碍，而最后出现的结果就是谁都没有希望过的事物。所以到目前为止的历史总是像一种自然过程一样地进行，而且实质上也是服从于同一运动规律的。"[1] 虽然人类历史发展的总体趋势是向前的，但个体与个体的梦想与目的并不一致，所以经常就会出现种瓜得豆、种豆得瓜的结果，也会出现南辕北辙、背道而驰的情况，这并不奇怪。

我们在人类历史的长河中看到的是历史的合力和人的合力，是历史发展的总趋势。但是具体到不同的场域、不同的群体，其发挥作用的趋势并不相同。红旗渠固然也符合恩格斯所讲的人类历史发展的力的平行四边形原理，但修建红旗渠的所有个体的梦想和目的是完全一致、高度统一的，并且是在党的旗帜下实现的更高层次、更高水平的团结统一，这种力量就不是一般意义上的力的平行四边形自然形成的力量，而是一种在遵循客观规律的基

---

[1] 中共中央马克思恩格斯列宁斯大林著作编译局. 马克思恩格斯文集：第十卷 [M]. 北京：人民出版社，2009：592-593.

础上的排山倒海的力量，是在党的旗帜下产生的可以扭转乾坤的力量。

林县人民在党的旗帜下表现出了极为宝贵的集体主义精神和革命情操，这种集体主义精神就是实现共产主义远大理想的思想基础。林县人民把修建红旗渠看成是全体林县人民的大事，是事关每个林县家庭的当务之急、燃眉之急。很多参与工程的人也许自己的家庭以及自己所在的地区并非直接受益，但都以修渠为己任，以集体为家，以林县人民的整体利益为最高利益，任劳任怨，无怨无悔。

团结洞是位于红旗渠总干渠上的十号隧洞，是由林县临淇公社群众修建的，然而鲜为人知的是，这个公社属于红旗渠非受益地区。但是临淇公社群众还是义无反顾地投身建设，体现了顾全大局的集体主义精神。

红旗渠是一个整体，人民群众的力量也是一个整体，党和人民的事业只有在集体主义精神的激励下才能变成现实。在社会主义建设的火热实践中，林县人民的集体主义精神一路凯歌，一路向前。为了集体的利益和愿望可以作出巨大的努力甚至付出生命的代价，本质上是一种大公无私的革命精神。

"林县人民多奇志，敢教日月换新天。"当历史的车轮滚滚向前，走向更加遥远和美好的未来，红旗渠将永载史册，成为可以感知、可以触摸的精神具象。林县人民今天的幸福生活是靠自己的双手创造的。在正确的思想指导下，在党的坚强领导下，林县人民的创造性、能动性得到了淋漓尽致的发挥，使红旗渠成为中国人民革命精神的象征。试想：在这种精神的指引下，有什么困难是中国人民不能克服的？有什么人间奇迹是不能创造出来的？

历史往往惊人地相似。在延安精神的指引下，中国人民彻底扭转乾坤，迎来了翻身做主人的新纪元。在红旗渠精神的指引下，林县人民重新安排了林县的山山水水、一草一木。延安军民面对敌人的封锁、围堵，不低头、不气馁，以大无畏的革命精神开展生产自救，化危为机、转危为安。林县全县干部群众宁愿苦干也不苦熬，宁愿眼前吃苦也要换来长久幸福，宁愿自力更生、群策群力也不等靠要、单纯依赖国家。哪里有压迫，哪里就有反抗，哪里有困难，哪里就有带领人民战胜困难、走向胜利的伟大的中国共产党。延安人民为什么衷心拥护共产党、一心跟着毛主席？是因为共产党是真正的全心全意为人民服务的党，毛主席始终和人民在一起。

在五千年的中国文明史中，得民心者得天下诚非虚言，而得民心者必以人民的利益为根本依归，必须使自己的政治主张能够和人民的利益完全契合，更重要的是，要通过带领人民开展改造客观世界的生产实践斗争并取得斗争的胜利。

（三）如何修渠

群众被广泛动员起来之后，党员干部必须冲在前面，身先士卒，不畏艰险。广大党员干部就是在解决人民群众急难愁盼问题中、在承担急难险重的工作任务中被群众认识、被组织识别的。

在重大考验面前识别干部、在暴风骤雨中考验干部，是干部成长的不二法门。

为向山西省委转达河南省委关于"引漳入林"的意见，负责建设部相关工作的石玉杰，在大年初一这个本该阖家团圆的日子里，却忙碌奔走在山西太原的街上。

为了排除危险，任羊成每天都冒着危险悬在半空中，只身打钎。有一次他没能躲过飞来横石，石头砸在他的嘴上，3颗门牙就横在他的嘴里，尽管如此，他还是坚持把工作做完。

为了达到测量精准，年轻的吴祖太不畏艰险，跋山涉水，牺牲的时候才27岁。

为了保护渡槽，作为技术工作者的路银，长时间坚守岗位，累到吐血才住进医院。

林县县委坚持群众路线，把党的正确主张变为群众的自觉行动，党通过在工地组织集体讨论学习、开展全体民工大会、召开引漳入林誓师大会、树立并宣传典型等形式进行宣传教育。

太行山上陡峭的石壁上到处可见振奋人心的标语，如"苦不苦，想想长征两万五；累不累，想想革命老前辈"等。精神的力量是无穷的，精神可以改变物质，物质可以改变精神，人民的奋斗精神成就了红旗渠，红旗渠已经成为世代传承的宝贵精神财富。

坚持实事求是，坚持实践是检验真理的唯一标准，尊重规律，顺应自然，才能改造自然、驾驭规律。"问渠那得清如许，为有源头活水来。"缺水是林县诸多矛盾中的主要矛盾，抓住了这个主要矛盾，一切问题就迎刃而解了。

1959 年 11 月，引漳入林这一重要请示由林县县委呈送给了河南省委。河南省委在收到请示之后，其相关领导就立即向山西省委致函询问，寻求支援。不到 3 个月，河南省委就收到了山西省委的回复，他们在信中表示同意这一跨地域工程的修建，愿意提供支持。不仅山西省委大力支援，山西省平顺县的人民也是竭尽全力，慷慨相助。"当地群众腾出房子、让出近千亩耕地、迁移祖坟、毁掉大批果林等，尽最大可能支援林县。"[1]

当时参与修渠的民工高达 30 万人，其中有部分民工所在的村庄吃水并不困难，却还是投入到了修渠工程中。修建如此史无前例的浩大工程不是光靠热情就行的，还要尊重客观规律。在此之

---

[1]　李海红. 论红旗渠及其精神的时代价值 [J]. 理论导刊，2008 (7)：72.

前的甘肃引洮工程因为各种困难难以克服，仅仅开工 3 年就停工，留下了大量的沟壑、大坑。人在大自然面前不得不屈服，因为人的活动不可能摆脱客观规律，否则就要受到惩罚。那么，人在大自然面前就束手无策，只能坐以待毙吗？当然不是，这就要充分发挥人的聪明智慧，坚持辩证唯物主义，坚持科学精神，把握事物的内在联系。

红旗渠开工之初定下的口号是"大干八十天，引来漳河水"。群众统一在渠上施工，但由于经验不足，开工不久就遇到了诸多难题。林县县委在深入调查研究的基础上召开了盘阳会议，决定缩短战线，将全线铺开的"长蛇阵"施工方法调整为"集中力量打歼灭战，干一段，成一段，通水一段"。

人民的智慧是无穷的，在极为艰苦的物质条件下，林县人民发挥聪明才智，创造了许多堪称重大科技创新的新思路新办法，解决了修渠过程中遇到的诸多难题。林县人民的很多发明创造即使放在今天的时代条件下也难能可贵。

在修建红旗渠的过程中，林县人民创造出多种爆破方法，如连环炮、瓦缸窑炮和三角炮等；制造了多种便民工具，如土罐车、土吊车等；还培养了一批技术人才，有木工，有泥瓦工，还有石工等。不仅如此，林县人民还创新了多种施工方法，如 3898 米的曙光洞工程，几十个工作面同时施工，挖出的大量石渣填入山洼里的月牙地，这样既增加了耕地面积，又处理了凿洞运出来的石渣；空心坝底下流渠水、渠上流河水的十字交叉经典设计；桃园渡桥"一桥三用"的巧妙建造；等等。

在施工过程中，林县人民还创造了"凤凰展翅"抡锤打钎、凌空除险等方法，保证了红旗渠工程的顺利施工。林县人民大胆创新，还创造了"明窑堆石烧灰法"。用这一方法不需要建造固定的石灰窑，可就地取材，就地烧制。使用这种方法可以根据施工路段用量的多少来建立合适规模的窑，节省了异地运输所耗费的时间，同时还能够有效节省人力。用这种烧灰法，每吨石灰的成本仅8元左右，比小窑烧灰价格低得多。

"空心坝"的设计也是红旗渠修建过程中的一大创新之举。在白家庄，红旗渠总干渠的正常通水被露水河拦截，如何解决渠水与河水的交流问题成了一个难题。技术人员在详细勘测与仔细论证之后，设计了一个与河道交叉的空心坝，这就创造性地解决了渠水与河水交叉的问题。

此外，"自制水平仪""夺丰渡槽""土吊车""自制空运线"等都是林县人民创新精神的体现。

三、走好新时代的群众路线

马克思主义认为，"历史活动是群众的活动，随着历史活动的深入，必将是群众队伍的扩大"[1]。人民群众才是推动历史前进的真正英雄和动力，是马克思主义政党执政伦理的出发点和归宿，贯穿于中国共产党治国理政的全过程、各方面。走好新时代群众路线，要大力弘扬延安精神和红旗渠精神，坚持人民主体地位，把"江山就是人民、人民就是江山"落到实处，坚持以人民为中心的发展思想，打造公平正义的社会格局。

（一）坚持人民主体地位

习近平总书记强调，群众路线是我们党的生命线和根本工作路线，践行党的群众路线永远在路上。人民是历史的创造者，是决定党和国家前途命运的根本力量。群众路线彰显了共产党人的立党宗旨和执政理念，体现了共产党人的根本政治立场，是共产党人永葆生机活力的重要法宝。

在全面深化改革的背景下，要进一步落实、落细群众路线，要时刻关注群众的呼声和愿望，尊重群众的首创精神和创新意识，最大限度地实现好、维护好、发展好人民群众的切身利益、现实利益和长远利益。一切改革措施都要以人民群众答应不答应、高兴不高兴、赞成不赞成、支持不支持为根本标准，让人民群众真正参与到改革大潮中，推动共享发展取得新进步，维护好人民群

---

[1]　中共中央马克思恩格斯列宁斯大林著作编译局. 马克思恩格斯文集：第一卷 [M]. 北京：人民出版社，2009：287.

众的参与权、知情权、监督权，打造共建共治共享的社会治理新格局，增强人民群众的获得感、幸福感和安全感。

每个党员干部都有自身的个人利益，这一点不容否认，但是如果党员干部的个人利益与人民的利益发生冲突，党员干部就一定要作出牺牲，以人民的利益为先。

中国共产党始终坚持全心全意为人民服务的立党宗旨，坚持立党为公、执政为民，始终代表中国最广大人民群众的根本利益，坚持权为民所用、利为民所谋、情为民所系。习近平总书记提出人民群众对美好生活的向往就是共产党人的奋斗目标，强调共产党人的初心和使命就是为中国人民谋幸福，为中华民族谋复兴，要求党永远做人民公仆、时代先锋和民族脊梁，这准确阐释了共产党人的政治定位。党员领导干部要始终与人民想在一起、干在一起，身入基层、心系群众，始终坚持群众观点，走好新时代的群众路线。

坚持人民主体地位是中国共产党深刻反思中国历代封建王朝兴衰成败的历史选择。"得民心者得天下"道出了治道轮回的基本规律，没有老百姓的支持，统治者是不可能夺取政权的。封建社会所谓"水能载舟，亦能覆舟"只不过是历代封建王朝为了延续统治而采取的一种策略，统治者把老百姓作为工具。这种工具的有用程度完全取决于封建帝王的个人特质、性格特征和执政风格。即使仅仅把老百姓作为一种工具来看，历代皇帝也没有很好地使用，有的皇帝能体察老百姓的诉求，如李世民、朱元璋等，而相当一部分的皇帝根本无视老百姓的死活，拼命压榨、欺凌、虐待老百姓，逼得老百姓生不如死，揭竿而起，革了皇帝的命，然后自己做皇帝。

不管哪个封建王朝都面临着如何处理与老百姓关系的问题，这个关系如果处理得好，能够有效地缓解阶级矛盾、延续执政寿命；如果处理得不好，民不聊生，官逼民反，革命的时代就到来了。这就是中国治乱兴替的历史周期率。如果仅仅是把老百姓作为政权的工具或者可以任意奴役的奴仆，最终难以逃脱王朝覆灭的悲惨命运。

不同于历代封建王朝，更不同于仅仅关注任期内事务的西方政党，中国共产党是具有深远历史使命的执政党，肩负着改变中华民族千年命运，实现中华民族伟大复兴的执政使命。要做到这一点，首要的就是要把自己而不是人民作为工具，共产党只是实现人民群众利益的工具，广大人民群众的福祉才是共产党人奋斗的根本目标，因为"无产阶级政党的义不容辞的责任就是和群众在一起"[1]。为了实现这个目标，共产党始终都在与"脱离人民

---

[1]　中共中央马克思恩格斯列宁斯大林著作编译局. 列宁全集：第三十二卷［M］. 北京：人民出版社，1985：28.

群众"这个执政之后的最大危险作斗争，整肃领导干部中的官僚主义与形式主义等种种脱离群众的行为。

我们党对党员干部的定位是人民公仆，是为人民的利益和愿望可以作出最大牺牲的群体。党的十八大之后首先在全党开展的群众路线教育实践活动，面对的就是长期以来在部分党员领导干部中的那种高高在上、远离群众生活、脱离群众实际的危险倾向，保持政治上的清醒，校正共产党人的奋斗航向，把思想和行动统一到全心全意为人民服务中，把党性修养、党性锻炼、党性教育落实在扎扎实实实现人民群众的利益和愿望上来，回归共产党人的政治本色和政治追求，时刻警醒自己，时刻牢记共产党人的初心和使命。

历史给我们的最深刻的启示就是，作为执政党，必须一切为了群众、依靠群众，必须善于组织群众、引导群众，必须言行一致、知行合一，巩固执政的阶级基础和群众基础。党员干部如果任何时候都能站在人民群众的立场上考虑问题，那么就没有解决不好的矛盾和风险，而一旦脱离了人民，我们就必将一事无成、一无所有。

坚持人民主体地位是中国特色社会主义制度自信的重要体现。人类政治智慧的探索最关注的是人的因素，是以人的因素为主导推动生产力发展的历史进程。西方的多党制、议会民主、三权分立、总统制，中国传统社会的中央集权体制，中国共产党领导下的人民民主专政，无不受着特定的历史背景、文化传承、民族特点的深刻影响。没有哪一种政治体制是放之四海而皆准的，只有最适合本国国情的政治制度而绝没有适应一切国情的所谓"普适"的政治制度。

即使在资本主义发达国家内部，三权分立的表现也差异巨大，英国的君主立宪制和法国的"半总统制"、美国的总统制有着很大的差别。当然，这也与其资本主义革命爆发时的进程有关系，英国通过光荣革命实现了资本主义的大发展，保留了国王。而法国却是经历了彻底的资产阶级革命，砸烂巴士底狱，把国王路易十六送上了断头台。德国由于长期的封建割据，资产阶级革命面临的首要任务就是实现国家统一，德国的资本主义发展道路迥异于英法，美国却是英国在海外的殖民地反抗其母国实现独立后建立的国家。甚至在法律体系上，也形成了以英美为代表的普通法系和以法德为代表的大陆法系。

这就启示我们，确立制度自信首先不能"迷信"制度，不能认为凡是西方发达资本主义国家的都是成功的而全盘肯定，更不能认为社会主义的发展由于遭遇了东欧剧变的历史悲剧就是失败的而全盘否定。

西方政体需要处理好政客与选民的关系，在一定程度上也要代表人民的利益才可以存续。东欧剧变面临的一个突出问题就是官僚主义盛行，严重脱离群众，党性和人民性已经产生了深刻的矛盾，党已经完全代表了特权阶层的利益，最后必然会被人民抛弃。"执政党与民众的关系是涉及社稷江山的重大问题，苏联共产党兴衰的历史充分演绎了这个道理。"[1]

中国近代以来，国民党本来有统一国家、振兴中华的希望，也具备深厚的物质、军事、经济等条件，特别是还有美国的扶持，但是依然在最后失去了政权，败给了"手持小米加步枪"的中国共产党。人心向背是最大的政治问题，国民党是败给了人心，败给了自己。一旦进入官僚体系之后，各级官员都削尖脑袋想着升官发财，完全置人民利益于不顾，上行下效，国家的党政军体系完全被腐败所吞噬，这是连蒋介石本人都不得不承认的现实。

中国共产党执政以来也存在不少脱离群众的问题，但中国共产党一直把这种问题作为影响执政根基的最重大议题来对待，对触碰这一底线的党员干部决不手软，严厉查办。特别是党的十八大以来的历次学习教育都贯穿了坚持以人民为中心这个根本线索，目的就是提醒全党，我们的事业是人民的事业，没有人民的支持和拥护，党就不可能完成实现中华民族伟大复兴的历史使命。

---

[1]　沈志华. 一个大国的崛起与崩溃：上册 [M]. 北京：社会科学文献出版社，2009：223.

坚持人民主体地位在中国政治制度中有科学完备的实施路径。中国共产党能够上台执政并始终成为中国发展的坚强领导核心，根本原因是得到了最广大人民群众的支持和拥护，始终坚持人民主体地位贯穿于中国共产党治国理政的全过程。

在政治层面坚持人民主体地位、实现人民当家作主主要体现在两个层面：投票和不投票。

投票指选举民主，即人民代表大会制度，人民群众通过自己选出的人大代表实现管理国家和社会事务的权力，通过人民代表大会选出行政、监察和司法机关等的组成人员，同时对于不能履行代表义务和权利的代表可随时提出罢免，对国家机关及其工作人员不正确履职的行为可随时提出批评、建议甚至控告。

人民代表大会制度是中国人民的伟大创造，是得到历史和实践检验的符合中国国情的根本政治制度。但是这一制度并非没有经历波折和考验，特别是辽宁人大代表贿选案就是对我们的根本政治制度的重大挑战，警示我们再好的制度如果没有得到真正的落实也只能是摆设。

在新的历史时期，人民代表大会制度要进一步与时俱进，更加体现人民代表大会制度的人民性和时代性，人大代表要更加密切与广大人民群众的联系，更加强化对政府和其他国家机关的监督，更加提升自身水平和参政议政能力以适应国家治理现代化的新要求。

不投票主要是指社会主义协商民主。这是中国共产党的群众路线在国家政治生活中的鲜明体现，也是中国的特殊政治优势。协商民主最主要的就是政党协商，核心是中国共产党和各民主党派的协商。

中国共产党在制定大政方针和国家重大发展战略之前总要诚恳征求各民主党派、工商联、无党派和各族各界代表的意见和建议，在政策出台之后依然还要征求意见和建议以利于贯彻落实。长期共存的关键在相互监督，特别是各民主党派对中国共产党的监督，因为中国共产党作为执政党要能够听取各方面意见，接受各方面监督，特别是要多听一些难听话。经常说好听话的不一定是真正的好朋友，经常提意见的恰恰才是真朋友。肝胆相照的关键是共产党要有执政党的胸怀，能够听得进去各民主党派的一些不是那么好听的话，因为各民主党派与中国共产党荣辱与共，有共同的奋斗目标和政治基础。当然，中国共产党与各民主党派并非平行关系，而是领导与被领导的关系，越是这样，中国共产党越要有博大宽广的胸怀、容事容人的雅量、知错必纠的勇气和统揽全局的智慧。

（二）把群众路线落在实处

1991 年 1 月 14 日，《福州晚报》上刊登了《我们也需要一本

"市民办事指南"》的文章。这则豆腐块大小的消息稿，刊登在报纸一个并不显眼的位置上，但这则消息反映的就是群众对提高机关服务水平的呼声。

当时写这则消息的记者，也只是想呼吁一下、提醒一下，至于什么时候能解决、怎么解决，他心里也没有底。但是随后发生的事情，我们可以用3个"想不到"来概括：第一个想不到，就是这个"豆腐块"引起了刚刚到任不久的福州市委书记习近平的高度重视。第二个想不到，是在习近平的督办下，《市民办事指南》编出来了。第三个想不到，也是最最想不到的一件事，就是从1月14日这个"豆腐块"在报纸上刊登，到福州市民完整地看到《市民办事指南》，中间只用了50个小时。

这件事在福州产生了不小的震动，福州人感到：他们来了一位不一样的书记。作为首批14个沿海开放城市之一，当时福州不但基础设施相对落后，办事效率也难如人意。经过一番调研，习近平决定从软环境入手，把改变干部作风作为突破口。为此，他提出了一个十分接地气的工作要求，叫作"马上就办"。强调真抓实干，落实担当。

直到今天，当地人仍流传着许多关于"马上就办"的生动故事。当年，习近平同志在接受采访时曾说过这样一句话，他说："我们不缺好办法，我们不缺好处方，而是没人动手解决，所以我提倡行动至上。"

"让人民生活幸福是'国之大者'。"[1] 党的十八大以来，习近平总书记始终坚持以人民为中心的发展思想，要求全党大力弘扬密切联系群众的优良作风，同一切影响党的先进性和纯洁性的问题作坚决斗争，把我们党建设得更加坚强有力。因为党的初心所在、使命所向就是最广大人民群众的根本利益。群众路线是党的根本工作路线，也是党的生命线。群众满意是党的工作成效的根本检验标准。一切工作都要以群众满意不满意、赞成不赞成作为根本出发点和落脚点。

一切为了群众，是党的宗旨意识的根本体现，一切依靠群众，是党的群众观点的根本要求。党的十九届六中全会把坚持人民至上作为党领导人民进行伟大奋斗的宝贵经验："着力解决发展不平衡不充分问题和人民群众急难愁盼问题，不断实现好、维护好、发展好最广大人民根本利益，团结带领全国各族人民不断为美好生活而奋斗。"[2] 只有为群众办实事的意愿而无把事情办好的能力和水平，就难以把党的群众路线落在实处。"为群众办实事既

---

　　[1]　习近平在广西考察时强调　解放思想深化改革凝心聚力担当实干建设新时代中国特色社会主义壮美广西 [N]. 人民日报, 2021-04-28 (1).

　　[2]　中共中央关于党的百年奋斗重大成就和历史经验的决议 [M]. 北京：人民出版社, 2021：73.

要有诚心，也要讲方法。"[1] 群众工作还要依靠群众，从群众中来，到群众中去，立足群众实践，这是党的根本工作方法，也体现了辩证唯物论的认识论的基本规律。

党的正确认识源于群众实践，这是认识论的唯物论，但源于群众实践的感性认识还有待于上升为理性认识，这是认识论的辩证法。而理性认识还要再回到群众实践中去得到验证、发展，在群众的实践中发现真理，又通过群众的实践检验真理和发展真理，这就是群众观点的精髓。

坚持大事小事一起做。群众利益无小事，群众所关心的、所在意的并非都是轰轰烈烈的大事，而是生活中所急、所盼的小事，这些具体小事我们能不能处理好，直接关系到党的形象，关系到党群干群关系，关系到党的群众观点是否真正贯彻落实。

"农业强不强、农村美不美、农民富不富，决定着全面小康社会的成色和社会主义现代化的质量，决定着中华民族伟大复兴的进程。"[2] 农村美不美不仅是表面上的村容村貌这个面子，更是农民生活方式能否跟上现代生活步伐这个里子。

"厕所革命"就是一项长期被人们所忽视而实际上对改变农

---

[1] 习近平在河南考察时强调 深化改革发挥优势创新思路统筹兼顾确保经济持续健康发展社会和谐稳定 [N]. 人民日报，2014-05-11 (1).

[2] 产业兴 百姓富 乡村美：代表委员热议乡村振兴 [N]. 人民日报，2018-03-10 (5).

民生活方式非常重要的事情。以真心对待群众，从小事做起，一件事情接着一件事情做，顺应民心的小事做多了，就会汇聚成大事，更能汇聚起广大农民对生活的信心和热情、对党的支持和感情。

党的十八大以来，从群众路线教育实践活动开始，历次党的集中性学习教育都强调要坚持群众观点、群众路线，以"让党员干部受教育，让人民群众得实惠"为标准，使每一次全党的集中性学习教育都能成为全党强化群众观点、砥砺初心使命的重要契机，厚植群众基础，切实转变工作作风，为群众服务，向群众学习，让群众打分。

我们始终在实现人民群众美好生活的赶考之路上，我们是否能考出好成绩，主要看是否真正贯彻了群众观点、群众路线，主要看群众的获得感、幸福感、安全感是否不断提升。我们能从胜利不断走向胜利，就是靠了群众的支持，我们还要继续依靠群众的支持走向未来，实现中华民族伟大复兴的奋斗目标，实现党的历史使命。

坚持大账小账一起算。凡是与群众有关的账都是大账，是政治账，要放在其他小账的前面，置于更重要的地位。如期完成脱贫攻坚的历史性任务，全党全国付出了史无前例的努力，调动了不可胜数的资源，包含了大量的成本。成本固然巨大，但我们算的是大账，是农业变强、农村变美、农民变富，低收入人口、欠发达地区和全国人民共享改革发展成果，一道实现全面建成小康社会的目标，逐步实现共同富裕的大账；算的是人民群众获得实实在在的利益、党群干群关系得到根本好转、党的执政地位更加巩固的大账。

党的十八大召开，作出了全面建成小康社会的战略部署，脱贫攻坚是实现第一个百年奋斗目标的底线任务和标志性指标。而乡村振兴战略是实现更高目标的大战略，是与新发展阶段、全面建设社会主义现代化国家、全面实现国家治理体系和治理能力现代化相呼应、相配合的宏伟战略，是兑现党带领人民追求美好生活的庄严承诺。乡村振兴战略目标指向实现更高水平的共同富裕，这需要我们付出更为艰苦的努力，锚定目标不放松，脚踏实地加油干。

当前还要做好巩固脱贫攻坚成果与全面推进乡村振兴的有效衔接，对已脱贫地区的帮扶还要继续，补齐农村发展短板，提升产业发展水平。

（三）打造公平正义的社会格局

党的十八大以来，公平正义理念被赋予了新的意义。一是如何认识公平和正义的关系，它们是相等的关系吗？二是如何认识公平和效率的关系，公平和效率是相互矛盾的吗？三是如何认识利益格局的调整，现在的利益格局有没有走向两极分化的危险？

怎么理解公平呢？公平是指在社会发展的过程中，除了社会精英阶层之外，普通民众特别是最底层的老百姓必须获得生命的尊重和生活的尊严。

公平是社会发展的基本价值，绝不能因为个体的不可抗拒的原因而导致个人陷入孤立无援、丧失生活保障的悲惨境地，这是负责任的政府应该避免的。

正义是指要承认人的个体才智差异，能力不同就应该获得不同的社会、政治和经济地位。一些人由于个人的突出才能而得到了巨大的财富，这是正义。如果过分强调公平就会导致社会的低效，而如果过分强调正义又会导致社会矛盾的激化。

习近平总书记强调要让发展成果在更高水平上惠及全体人民，就是要让公平和正义达到一个均衡的状态。在改革开放的初始阶段，我们更多讲"效率优先、兼顾公平"，就是说公平是可以兼顾的，但也仅仅是兼顾而已。现在我们讲公平优先，其实就是对之前过分强调效率的矫正。无效率的公平肯定就是不公平，而不公平的效率本质上是无效率。既不能过分追求效率而牺牲公平，也不能一味追求公平而走向平均主义，否则最终会损害效率。我们的价值基点就是要追求公平基础上的效率，公平是第一位的。

现在的利益格局已经出现了一定偏差，威胁到了公平正义的基本原则并呈现出两个突出特点。一是利益固化，在部分领域、行业、群体中出现了一些既得利益者，他们极力抗拒对利益格局的调整，最终会成为改革的障碍。让每个中国人都有人生出彩的机会肯定是指最广大人民群众特别是最底层的群众和弱势群体要出彩，而不仅仅是让特权阶层出彩。二是利益差别扩大。利益无差别从来不会存在，也不符合社会发展的整体利益。但是不正常的、超出人民群众心理承受能力的利益差别必须改变，比如说我们现在的基尼系数，人民群众是否能够坦然接受？放在世界范围内这种差别是不是有问题？

打造公平正义的社会格局是习近平总书记推进国家治理的基本原则，其中贯穿着一个根本立场——人民立场。习近平在青年时期曾经在陕西省延川县梁家河插队七年，对最底层人民群众的疾苦有着深切的体会和感悟。这种感悟已经融入他的血脉中和执政实践中。

习近平在那段时期深深感受到了当地人民对知识青年的关心、爱护，同时，也开始思考：中国共产党执政那么多年了，人民群众发自内心地拥护党的领导，可怎么让人民群众过上更好的生活呢？这是值得所有共产党员思考的大问题。

改变人民群众的贫困落后面貌，是中国共产党的政治责任。党的十八大以来，从群众路线实践教育活动到推动精准扶贫、脱贫攻坚，无不体现出习近平总书记浓重的人文关怀和人民情怀。

当年曾和习近平一起在梁家河插队的戴明谈及当年的插队生活对习近平执政理念的影响时说："……这些工作内容比他当初在梁家河所面临的问题要复杂得多，但本质是相同的，那就是：群众需要什么，群众想要怎么办，干部就要带着大家怎么办。近平当选党的总书记以后，强调以人民为中心的发展理念，根子就在他对基层群众和基层实际情况的了解上。"[1]

只有党和人民的心是相通的，党的执政方略才能得到人民的真正支持。党的领袖和群众的感情是天然接近的，但这都建立在领袖的个人经历和生产斗争实践过程中。经历过的东西必然会在世界观、价值观上打上深深的烙印。在那七年的磨炼中，习近平逐渐了解了人民，并且和人民融为一体不可分离，逐渐提高了党性觉悟，对党的执政使命有了更切实的认识，逐渐提升了处理复杂问题的能力，能够在最艰难的条件下推进工作、推动改革。

实现公平正义绝非一日之功。党的十八大以来，习近平总书记围绕不断提升人民群众的获得感，提出了一系列重大战略部署。特别是脱贫攻坚，让人民群众再一次看到了实现公平正义的希望。

在中国这样一个人口大国，贫困群体众多，致贫原因极端复

---

[1] 中央党校采访实录编辑室. 习近平的七年知青岁月 [M]. 北京：中共中央党校出版社，2017：147.

杂，除了社会的、政策的、历史的原因之外，还有许多个体的难以解决的原因。但是党中央决心要打赢脱贫攻坚战，采取各种办法来解决脱贫攻坚中的突出问题。这是人类历史上最大规模的脱贫攻坚战，依靠共产党的强大组织力量，把共同富裕落到实处、落到基层每一个贫困群众中。

向贫困宣战是人类的共同责任，但实现这个目标似乎永远在路上。从来没有一个执政党像中国共产党这样在为人民群众谋福祉时如此努力。全心全意为人民服务的宗旨就要体现在让中国人民摆脱贫困，走向更加富裕、公平的未来，看到改变命运的希望，看到党与人民群众永远在一起的执政情怀。正如 2017 年 6 月 23 日，习近平总书记在深度贫困地区脱贫攻坚座谈会上的讲话中所强调的："各省区市要按照党中央要求，聚焦问题，分析原因，寻找解决途径。工作力度不够的要加大力度，投入力度不够的要增加投入，解决问题的办法没找对的要尽快按照精准扶贫的要求研究对策，以确保到 2020 年省内深度贫困地区完成脱贫任务。"[1]

这种艰巨的任务只有中国共产党才能完成，因为中国共产党人善于啃硬骨头，敢于为了人民利益而顽强奋斗甚至作出牺牲。

---

[1] 习近平. 在深度贫困地区脱贫攻坚座谈会上的讲话 [N]. 人民日报，2017-09-01 (2).

通过打赢脱贫攻坚战，中国共产党人的政治底色得到了集中展示，人民群众得到实实在在的利益，党员干部受到扎扎实实的教育锻炼，党群干群关系更加密切融洽，党的执政基础和群众基础更加巩固。

第五章　始终保持光荣传统优良作风

1944 年秋，习仲勋在陕甘宁边区绥德地区召开的司法会议上发表了《贯彻司法工作的正确方向》的重要讲话，讲话首先提出了"把屁股坐得端端的"的观点："司法工作是人民政权中的一项重要建设，和其他行政工作一样，是替老百姓服务的。这样，就要一心一意老老实实把屁股放在老百姓这一方面，坐得端端的。旧司法机关的屁股就不是坐在老百姓这一方面的，是坐在少数统治者的怀里。我们的司法工作的方针是要团结人民，教育人民，保护人民的正当权益。越是能使老百姓邻里和睦，守望相助，少打官司，不花钱，不误工，安心生产，这个司法工作就越算做得好。"[1]

---

[1]《习仲勋传》编委会. 习仲勋传：上卷［M］. 北京：中央文献出版社，2013：365.

习仲勋又向司法工作者提出了明确要求："不当'官'和'老爷'。我们司法工作者，既是为老百姓服务，就应该站在老百姓中间，万不能站在老百姓头上。中国这个社会，老百姓怕'官'，怕'老爷'，是见惯了的（'官'和'老爷'也喜欢老百姓怕他们）。"[1]

习近平总书记在党的二十大召开之后带领中央政治局常委瞻仰延安革命纪念地时强调："延安时期，党提出全心全意为人民服务的根本宗旨并写入党章，强调共产党'这个队伍完全是为着解放人民的，是彻底地为人民的利益工作的'，要求党的干部'把屁股端端地坐在老百姓的这一面'，形成了'只见公仆不见官'的生动局面。"习近平总书记多次强调，"当官就不要发财，发财就不要当官"，"全党同志务必不忘初心、牢记使命，务必谦虚谨慎、艰苦奋斗，务必敢于斗争、善于斗争"。

一、"延安作风"打败"西安作风"

习近平总书记强调，当年毛泽东同志等老一辈革命家在延安，住窑洞、吃粗粮、穿布衣，用"延安作风"打败了"西安作风"。全党同志要把老一辈革命家和共产党人留下的光荣传统和优良作

---

[1] 《习仲勋传》编委会. 习仲勋传：上卷 [M]. 北京：中央文献出版社，2013：365-366.

风传承好发扬好，勇于推进党的自我革命，坚定不移全面从严治党，始终保持党的先进性和纯洁性，确保党始终成为中国特色社会主义事业的坚强领导核心。"延安作风"和"西安作风"的巨大反差让许多民主人士感叹："中国的希望在延安。"

（一）密切联系群众的优良作风

毛泽东在党的七大上明确指出了在革命过程中形成的三大优良作风："以马克思列宁主义的理论思想武装起来的中国共产党，在中国人民中产生了新的工作作风，这主要的就是理论和实践相结合的作风，和人民群众紧密地联系在一起的作风以及自我批评的作风。"[1]

20世纪40年代初，党组织对习仲勋作的鉴定中指出："习仲勋是从群众中生长起来的，而且与群众保持着经常的密切的联系。"[2] 习仲勋关心群众，群众也关心习仲勋。一次赤水县（今贵州省赤水市）一位姓杨的老大爷来分委驻地看望习仲勋，同时带来了10个鸡蛋。习仲勋亲手将鸡蛋送到机关伙房，让给病员补充营养。伙房师傅做好鸡蛋面，给习仲勋端了一碗，习仲勋执意不吃。大师傅激动地说："群众送给你的鸡蛋，你连尝也不尝一

---

[1] 毛泽东. 毛泽东选集：第三卷 [M]. 北京：人民出版社，1991：1093-1094.

[2] 《习仲勋传》编委会. 习仲勋传：上卷 [M]. 北京：中央文献出版社，2013：312.

口，我们心里实在过意不去啊!"最后，习仲勋还是将面条让给房东老大爷吃了。

习仲勋视人民群众如父母，为之奉献出一腔衷情，群众也衷心地拥戴和关爱着这位年轻领导者。在习仲勋的档案中存有一份西北局高干会议期间党组织当时对作他的鉴定，其中有一段："凡是关中的人民，无论大人和小孩都知道他，都喜欢他……没有一点架子，没有一点官僚主义……他很懂得群众的情绪、习惯和需要。他是站在群众观点和群众立场来解决群众的问题，总是把群众的事情看做是自己的事情，而又设身处地地替他们设想，设想怎样才是对的，尤其设想怎样对群众有好处，而没有丝毫的主观主义气味……他们总是把仲勋同志看成最知心的朋友，而愿意听从他的意见，听从他的指挥……由于这一切，使得仲勋同志成为党的宝贵的群众领袖。"[1]

关中山区的冬日，天气特别寒冷，考虑到领导同志工作特点，分区机关给部门以上的领导每人缝制一件棉布大衣。习仲勋知道后，便找到管理员张贵德说：我的大衣旧了点，但还可以穿几年，就不须再做了。你看看其他同志衣被鞋袜是否需要添补，具体问

---

[1]《习仲勋传》编委会. 习仲勋传：上卷［M］. 北京：中央文献出版社，2013：318.

题具体解决嘛！[1]

2020 年 4 月，习近平总书记在陕西考察工作结束时的讲话中指出，"要用延安精神净化政治生态。政治生态好，干部队伍就会风清气正、心齐气顺，社会风气就会积极向上、充满正能量。政治生态不好，各种歪风邪气就会冒出来。"

"习仲勋特别注重分区机关和部队的自身建设，经常教育干部战士一刻也不脱离群众，严守群众纪律。"[2] 在关中地区农村和在关中分区工作过的老同志中还流传着习仲勋体贴爱护干部、关心帮助群众的许多故事。关中分委驻马家堡时，农民马团儿的妻子生小孩时发生难产，情况危急。习仲勋知道后，即派警卫员请来大夫，买来了药，使婴儿顺利出生，母子平安。这家人感动得直流泪，坚持让习仲勋给小孩起了个名字。

关中分委机关的马匹饲养在马家堡一位聋哑人的家中，这个聋哑人的妻子嫌弃丈夫是聋哑人，闹着要离婚。习仲勋知道这一情况后，除了给这对夫妇做调解工作外，还特别叮咛分委机关饲养员，要注意言行举止，遵守群众纪律，以免影响房东夫妻关系。有一段时间，新正县龙嘴子回民地区传染病流行，并日渐严重。

[1]《习仲勋传》编委会. 习仲勋传：上卷［M］. 北京：中央文献出版社，2013：318.

[2]《习仲勋传》编委会. 习仲勋传：上卷［M］. 北京：中央文献出版社，2013：318.

习仲勋得知情况后，认为少数民族兄弟的生命安危是关系到党的民族政策的贯彻落实、关系到一方稳定团结全局的大事。他即指派专人赴延安光华药厂买药，并安排分区有关部门请来医生进行治疗和预防，从而迅速控制了疫情，治愈了染病的回族群众。

1940 年 2 月 1 日，毛泽东在延安民众声讨汪精卫大会上发表讲话时指出："陕甘宁边区是全国最进步的地方，这里是民主的抗日根据地。这里一没有贪官污吏，二没有土豪劣绅，三没有赌博，四没有娼妓，五没有小老婆，六没有叫化子，七没有结党营私之徒，八没有萎靡不振之气，九没有人吃磨擦饭，十没有人发国难财。"[1]

陕甘宁边区的"十个没有"是党的初心使命的体现，是延安作风、延安精神的生动展示，与国统区的"西安作风""重庆作风"形成了鲜明的对比。正是因为陕甘宁边区的"十个没有"的优良作风，毛泽东 1940 年 3 月 4 日在延安召开的陕甘宁边区党政联席会议上指出："陕甘宁边区的方向就是全国新民主主义的方向。边区有十大好处，即没有贪官污吏、没有土豪劣绅、没有发国难财的、没有吃磨擦饭的等，是全国的模范，是取消不

---

[1]　毛泽东. 毛泽东选集：第二卷［M］. 北京：人民出版社，1991：718.

了的。"[1]

在中共七大召开之前,在延安召开了陕甘宁边区劳动英雄和模范工作者会议。会议期间,毛泽东同出席会议的地委书记和专员们进行了谈话。毛泽东指出:"群众表示赞成的,恐怕有那么十多条,比如干部经过整风,作风民主了;搞了大生产运动,减轻了群众负担,没有要饭的了;禁止抽大烟,禁止赌博,改造二流子,社会风气好了;婚姻自主,废除了买卖婚姻;消灭了土匪,群众能安居乐业等。不满意的是,个别干部深入群众差,工作方法简单片面;有些问题群众还未接受,宣传搞得不那么好;有的地方还有懒汉,要求改造二流子……群众不满意,说明我们的工作没做到家,如果按政策办,给群众交代清楚,这些问题就可以解决了。"[2]

密切联系群众就必须保护好群众的利益,绝不能损害群众的利益。1937年10月30日,毛泽东致电王兆相等并告八路军总部、第一二〇师:"十分注意部队的纪律,无论如何困难,不得乱拿工农一草一木,每天出发训话一次。"

1937年10月,抗日军政大学第六队队长黄克功对陕北公学

———————
[1]《习仲勋传》编委会. 习仲勋传:上卷 [M]. 北京:中央文献出版社,2013:283-284.
[2]《习仲勋传》编委会. 习仲勋传:上卷 [M]. 北京:中央文献出版社,2013:384-386.

女学生刘茜逼婚未遂后持枪杀人，被边区高等法院判以死刑。肖玉璧作为老红军，战功赫赫，身上有九十多处伤疤，但是，他在担任靖边县张家畔税务分局局长期间贪污公款、倒卖物资，被陕甘宁边区高等法院判处死刑。刘力功是一名从国统区奔赴延安的知识分子，加入中国共产党后，却拒绝执行组织决定，在组织多次与其谈话后仍不服从安排，被开除党籍。

这些事件在党内起到了极大的震慑和警示教育作用。"三多三少"成为延安的标志性现象，即"讲个人要求的少了，服从组织分配的多了；图安逸比享受的人少了，要求到前线和艰苦地方锻炼的人多了；自由主义现象少了，严守纪律的人多了"。[1]

延安时期，人们感受不到共产党的干部高高在上的地位，人民群众与党的距离很近，与毛主席的距离很近。共产党的干部也自觉地把自己作为普通的为人民服务的一员。在胡宗南军队大举进攻延安时，延安人民喊出的口号就是"保卫延安、保卫党中央、保卫毛主席"。延安人民觉得共产党就是亲人，毛主席就是人民的救星，誓死保卫毛主席，坚决跟着共产党。

在延安保卫战中，有的群众把孩子送到部队当兵参加战斗，有的群众不顾个人安危引开敌军，给我们的军队创造宝贵的撤离

---

[1]　樊宪雷. 陈云是怎样做思想工作的：从《为什么要开除刘力功的党籍》一文说起 [J]. 党的文献，2007（4）：89-90.

时间……这就是延安时期共产党和人民群众的关系。

1943年6月1日，毛泽东为中共中央写了《关于领导方法的若干问题》的决定，对党的群众路线的工作方法进行了精辟概括，毛泽东指出："在我党的一切实际工作中，凡属正确的领导，必须是从群众中来，到群众中去。这就是说，将群众的意见（分散的无系统的意见）集中起来（经过研究，化为集中的系统的意见），又到群众中去作宣传解释，化为群众的意见，使群众坚持下去，见之于行动，并在群众行动中考验这些意见是否正确。然后再从群众中集中起来，再到群众中坚持下去。如此无限循环，一次比一次地更正确、更生动、更丰富。"[1]

群众路线、群众观点贯穿了马克思主义认识论和马克思主义哲学的实践特性，因为与群众的不断结合就是一个从实践中获得感性认识和理性认识、不断提升认识水平的过程。正如毛泽东在《实践论》中所指出的："通过实践而发现真理，又通过实践而证实真理和发展真理。从感性认识而能动地发展到理性认识，又从理性认识而能动地指导革命实践，改造主观世界和客观世界。实践、认识、再实践、再认识，这种形式，循环往复以至无穷，而实践和认识之每一循环的内容，都比较地进到了高一级的程度。

---

[1] 毛泽东. 毛泽东选集：第三卷［M］. 北京：人民出版社，1991：899.

这就是辩证唯物论的全部认识论，这就是辩证唯物论的知行统一观。"[1]

毛泽东于 1937 年 9 月 7 日在延安创作了《反对自由主义》一文，该文于 1942 年 4 月 10 日刊载于《解放日报》。毛泽东在文中分析了自由主义的 11 种现象，其中第 11 种现象就是："自己错了，也已经懂得，又不想改正，自己对自己采取自由主义。"[2] 这种现象也可称为"对别人马列主义，对自己自由主义"。

彻彻底底地落实群众路线，说起来容易做起来难，要求别人容易要求自己难，对于领导干部来说尤其如此。1948 年 3 月，毛泽东离开杨家沟，东渡黄河，4 月，来到中共中央晋绥分局所在地，在与《晋绥日报》的编辑人员谈话时，毛泽东指出："我们的报上天天讲群众路线，可是报社自己的工作却往往没有实行群众路线。例如，报上常有错字，就是因为没有把消灭错字认真地当做一件事情来办。如果采取群众路线的方法，报上有了错字，就把全报社的人员集合起来，不讲别的，专讲这件事，讲清楚错误的情况，发生错误的原因，消灭错误的办法，要大家认真注意。这样讲上三次五次，一定能使错误得到纠正。小事如此，大事也

---

[1]　毛泽东. 毛泽东选集：第一卷［M］. 北京：人民出版社，1991：296–297.

[2]　毛泽东. 毛泽东选集：第二卷［M］. 北京：人民出版社，1991：360.

是如此。"[1]

报社的记者、编辑在报纸上天天宣传党的群众路线,却没有注意到自己未能完全落实群众路线,这就是一种另类的"灯下黑",即拿着聚光灯照别人非常清晰,照自己却勉为其难、不太情愿,有意无意地偏离了群众路线。这种现象至今仍然存在,也是官僚主义产生的温床。

毛泽东在 1942 年 5 月 2 日召开的文艺座谈会上的讲话中鲜明指出了文艺的立场和方向:"我们今天开会,就是要使文艺很好地成为整个革命机器的一个组成部分,作为团结人民、教育人民、打击敌人、消灭敌人的有力的武器,帮助人民同心同德地和敌人作斗争。为了这个目的,有些什么问题应该解决的呢?我以为有这样一些问题,即文艺工作者的立场问题,态度问题,工作对象问题,工作问题和学习问题。"[2]

毛泽东还谈到了文艺创作中的"人性"问题,认为人性是具体的、具有阶级性的,明确了无产阶级文艺中涉及的人性与资产阶级的人性不同,是指人民大众的人性:"我们主张无产阶级的人性,人民大众的人性,而地主阶级资产阶级则主张地主阶级资

---

[1] 毛泽东. 毛泽东选集:第四卷 [M]. 北京:人民出版社,1991:1319.

[2] 毛泽东. 毛泽东选集:第三卷 [M]. 北京:人民出版社,1991:848.

产阶级的人性，不过他们口头上不这样说，却说成为唯一的人性。有些小资产阶级知识分子所鼓吹的人性，也是脱离人民大众或者反对人民大众的，他们的所谓人性实质上不过是资产阶级的个人主义，因此在他们眼中，无产阶级的人性就不合于人性。"[1]

（二）艰苦朴素的革命本色

艰苦朴素是中国共产党人代代传承的革命本色。在新的历史条件下，艰苦朴素依然具有重要价值。2015 年 10 月，中共中央印发《中国共产党廉洁自律准则》，第三条明确规定："坚持尚俭戒奢，艰苦朴素，勤俭节约。"

延安时期党的艰苦朴素革命本色不仅体现在一般党员干部身上，同样体现在毛泽东等高级领导干部身上。党的领导人和普通士兵一样，住在简陋的土窑洞，每天 3 钱盐、5 钱油、7 分钱菜金，吃的是小米，穿的是粗布衣服。

1948 年 4 月 1 日，结合当时的革命发展形势和生产实际，毛泽东在晋绥干部会议上指出："必须注意尽一切努力最大限度地保存一切可用的生产资料和生活资料，采取办法坚决地反对任何人对于生产资料和生活资料的破坏和浪费，反对大吃大喝，注意节约。"

---

[1]　毛泽东. 毛泽东选集：第三卷［M］. 北京：人民出版社，1991：870.

1940 年和 1941 年，国民党发动了两次反共高潮，加紧了对延安解放区的封锁，延安处境极为艰难。"我们曾经弄到几乎没有衣穿，没有油吃，没有纸，没有菜，战士没有鞋袜，工作人员在冬天没有被盖。国民党用停发经费和经济封锁来对待我们，企图把我们困死，我们的困难真是大极了。"[1] 嚼得菜根，百事可为，艰苦朴素，始终如一。艰苦朴素不仅是面对困难环境的应对之策，更是中国共产党保持清醒坚定的政治立场的重大要求。

作为革命党，保持艰苦朴素的作风是克敌制胜、迎难而上的必然选择；作为执政党，保持艰苦朴素的作风是守业创业、开拓进取的精神底色。毛泽东在延安杨家岭开荒种菜，周恩来、任弼时被评为纺线能手，朱德背上粪筐拾粪积肥。中央领导和人民群众始终甘苦与共。

毛泽东在重庆谈判期间，会见了三个年轻的美国飞行员，其中有一个名为霍华德·海曼。"作为回敬，毛邀请他们吃饭，对此，二等兵海曼回忆：'毛与工人、领导人、厨子、侍者间的相互关系是一种爱与热情。我从中找不出哪怕一点儿傲慢浮华、礼仪规矩和屈尊俯就之感，或者其他什么矫揉造作的东西。'"[2]

---

[1] 毛泽东. 毛泽东选集：第三卷［M］. 北京：人民出版社，1991：892.

[2] 迪克·威尔逊. 毛泽东传［M］. 中共中央文献研究室《国外研究毛泽东思想资料选辑》编辑组，译. 北京：国际文化出版公司，2011：201.

"在保安，毛拥有一所两个房间的窑洞，主要的奢侈品是一顶蚊帐和墙上的地图。虽然当了多年党的领导人，尽管千百次地没收了地主和官员的财产，毛的个人财物还装不满一只箱子。虽然他是红军的指挥员，但他所佩的领章，也不过是普通红军战士所佩的两条红领章。毛和其他人吃一样的伙食，唯一的例外就是他有湖南人'爱辣'的嗜好。"[1]

毛泽东曾说过："没条件讲究的时候不讲究，这一条好做到；经济发展了，有条件讲究仍然约束自己不讲究，这一条难做到。共产党人就是做难做到的事。"

艰苦朴素的作风是保持军民团结、增进党群干群感情的内在要求。党风是表现，党性是根本，有什么样的作风就体现出什么样的党性修养。一个奢靡之风猖獗、享乐主义泛滥的政党肯定会离群众越来越远。

伊斯雷尔·爱泼斯坦在中国抗日战争爆发后，作为记者，先后辗转南京、武汉，参加宋庆龄领导的保卫中国同盟工作。同一时期，他还用记者特有的敏锐观察，记录了中国抗日战争的真实场景，写下了《历史不应忘记》一书，留下了一份宝贵的历史文献。

---

[1] 迪克·威尔逊. 毛泽东传 [M]. 中共中央文献研究室《国外研究毛泽东思想资料选辑》编辑组，译. 北京：国际文化出版公司，2011：138-139.

爱泼斯坦眼中的毛泽东平易近人、十分简朴。爱泼斯坦看到，毛泽东常常会步行在尘土飞扬的街道上，不带警卫，同老百姓随意交谈。在集体照相时他总不站在正中的位置上。比如，与中外记者团合影时就是如此。有几次，爱泼斯坦与毛泽东共同进餐，同席的还有其他领导人，都没有什么特殊的礼仪或规矩，大家散坐在两三张小方桌旁，谈话很随意，食物也极简单。这与他在重庆见到的等级森严、铺张浪费形成了鲜明对照。

毛泽东在新中国成立之后依然保持着艰苦朴素的优良作风。"他的一床被子从 1942 年一直用到 1962 年，然后又被送进博物馆。毛进城时穿上的一双系带皮鞋，穿了近 30 年，在他死后又被拿去展览。他的浴衣肘部显眼地打着补丁。"[1]

毛泽东逝世之后，他身边的警卫员们回忆了与他相处的点点滴滴："您住的是旧房子，解放二十多年一直不让修缮。您的衬衣、毛巾被、皮鞋，都用了多年，已经破旧，我们几次劝您换一换，您都不同意。""您常常到宿舍里看望我们，了解我们的家庭情况和生活情况。您问我们看革命样板戏多少，并送票让我们去看。您问我们家中来信没有，家中情况怎样，让有了情况及时告诉您。夏天，您关切地问我们屋里有没有蚊子，派人给我们打药

---

[1] 迪克·威尔逊. 毛泽东传 [M]. 中共中央文献研究室《国外研究毛泽东思想资料选辑》编辑组，译. 北京：国际文化出版公司，2011：218.

灭蚊。冬天，您慈爱地抚摸着我们，问冷不冷。您询问我们的伙食标准够不够，还到我们伙房看饭菜做得怎么样。"[1]

（三）没有调查就没有发言权

毛泽东曾对警卫员说，一个领导者要把调查看作吃饭一样经常、重要，一天不串门，就像一天没有吃饭。《关于若干历史问题的决议》指出了毛泽东思想产生于实践、注重调查研究的逻辑："毛泽东同志从他进入中国革命事业的第一天起，就着重于应用马克思列宁主义的普遍真理以从事于对中国社会实际情况的调查研究，在土地革命战争时期，尤其再三再四地强调了'没有调查就没有发言权'的真理，再三再四地反对了教条主义和主观主义的危害。"[2]

1941 年，毛泽东在《〈农村调查〉的序言和跋》中强调了对中国各个社会阶级的实际情况进行调查研究的方法："第一是眼睛向下，不要只是昂首望天。没有眼睛向下的兴趣和决心，是一辈子也不会真正懂得中国的事情的。"[3] "必须明白：群众是真正的英雄，而我们自己则往往是幼稚可笑的，不了解这一点，就不

---

[1]　解放军八三四一部队. 毛主席啊，我们永远怀念您 [N]. 人民日报，1976-09-14（03）.

[2]　毛泽东. 毛泽东选集：第三卷 [M]. 北京：人民出版社，1991：987.

[3]　毛泽东. 毛泽东选集：第三卷 [M]. 北京：人民出版社，1991：789-790.

能得到起码的知识。"[1] "'没有调查就没有发言权',这句话,虽然曾经被人讥为'狭隘经验论'的,我却至今不悔;不但不悔,我仍然坚持没有调查是不可能有发言权的。"[2]

毛泽东在文中还指出:"要了解情况,唯一的方法是向社会作调查,调查社会各阶级的生动情况。对于担负指导工作的人来说,有计划地抓住几个城市、几个乡村,用马克思主义的基本观点,即阶级分析的方法,作几次周密的调查,乃是了解情况的最基本的方法。只有这样,才能使我们具有对中国社会问题的最基础的知识。"[3]

1941年5月,毛泽东在《改造我们的学习》一文中进一步指出:"灾难深重的中华民族,一百年来,其优秀人物奋斗牺牲,前仆后继,摸索救国救民的真理,是可歌可泣的。但是直到第一次世界大战和俄国十月革命之后,才找到马克思列宁主义这个最好的真理,作为解放我们民族的最好的武器……马克思列宁主义的普遍真理一经和中国革命的具体实践相结合,就使中国革命的

---

[1] 毛泽东. 毛泽东选集:第三卷 [M]. 北京:人民出版社,1991:790.

[2] 毛泽东. 毛泽东选集:第三卷 [M]. 北京:人民出版社,1991:791.

[3] 毛泽东. 毛泽东选集:第三卷 [M]. 北京:人民出版社,1991:789.

面目为之一新……"[1]

抗日战争时期，由于国民党实行了严酷的军事、经济封锁政策，陕甘宁边区开展了大规模的大生产运动。为了使这一中心工作迅速开展，习仲勋提出，"机关干部不仅要自己动手，丰衣足食，而且要深入农村，推动大生产运动。他决定由自己带一个调查组到郝家桥村进行蹲点调查，以便取得经验，指导全区工作。"[2]

在调查组出发之前，习仲勋召集调查组的同志开会学习了《中共中央关于调查研究的决定》，并特别讲到了大生产运动中移民工作存在的问题，他说："陕甘宁边区政府大张旗鼓地开展移民运动，实际上已把移民工作作为大生产运动中的重要内容，作为加强军民团结、巩固边防的双重战略措施。但是，移民工作中究竟存在什么问题，为什么有些贫苦农民不愿意南下，发动移民的对象主要是哪些人，都还需进一步调查研究。他还就调查的方式方法等问题作了具体安排。"[3]

在《改造我们的学习》一文中，毛泽东还总结了中国共产党

[1] 毛泽东. 毛泽东选集：第三卷［M］. 北京：人民出版社，1991：796.

[2] 《习仲勋传》编委会. 习仲勋传：上卷［M］. 北京：中央文献出版社，2013：342.

[3] 《习仲勋传》编委会. 习仲勋传：上卷［M］. 北京：中央文献出版社，2013：343.

人在把马克思列宁主义的基本原理与中国革命的具体实践结合起来的过程中存在的诸多问题："二十年来，一般地说，我们并没有对于上述各方面作过系统的周密的收集材料加以研究的工作，缺乏调查研究客观实际状况的浓厚空气。"[1]"不论是近百年的和古代的中国史，在许多党员的心目中还是漆黑一团。许多马克思列宁主义的学者也是言必称希腊，对于自己的祖宗，则对不住，忘记了。"[2]"几十年来，很多留学生都犯过这种毛病。他们从欧美日本回来，只知生吞活剥地谈外国。"[3]。他还强调文艺工作者应该接触并了解人民群众："中国的革命的文学家艺术家，有出息的文学家艺术家，必须到群众中去，必须长期地无条件地全心全意地到工农兵群众中去，到火热的斗争中去，到唯一的最广大最丰富的源泉中去，观察、体验、研究、分析一切人，一切阶级，一切群众，一切生动的生活形式和斗争形式，一切文学和艺术的原始材料，然后才有可能进入创作过程。否则你的劳动就没有对象，你就只能做鲁迅在他的遗嘱里所谆谆嘱咐他

---

[1] 毛泽东. 毛泽东选集：第三卷 [M]. 北京：人民出版社，1991：796.

[2] 毛泽东. 毛泽东选集：第三卷 [M]. 北京：人民出版社，1991：797.

[3] 毛泽东. 毛泽东选集：第三卷 [M]. 北京：人民出版社，1991：798.

的儿子万不可做的那种空头文学家，或空头艺术家。"[1]

艾格尼丝·史沫特莱描述了毛泽东在延安时期演讲的特点："和他的谈话一样，都以中国社会的日常生活和丰富历史为根据。涌到延安的知识青年，习惯于从苏德等国的少数作家的作品中汲取精神养料，毛泽东则对学生讲自己的祖国和人民、民族的历史和大众文艺。他引用《红楼梦》、《水浒传》一类古典文学作品中的故事。"[2] 之所以会有这样的特点和效果，主要在于毛泽东一方面有着渊博的历史知识，另一方面在此基础上注重实际，深入生活，从实际生活中调查出真知灼见，使演讲更有说服力。

1961 年 5 月 12 日，中共中央办公厅秘书室工作人员利用业余时间就一些机关、学校人员到工厂作调查的情况写好一份材料，以《关于"调查研究"的调查》为题，上报中央。材料指出：在这些调查研究中比较普遍地存在着"十多十少"的问题：（1）一般干部挂帅的多，领导干部挂帅的少。（2）漫无边际的多，充分准备的少。（3）浮在上面的多，深入下层的少。（4）昂首望天的多，当小学生的少。（5）晃晃悠悠的多，参加劳动的少。（6）吃小食堂的多，吃大食堂的少。（7）住招待所的多，住工人宿舍的

---

[1]　毛泽东. 毛泽东选集：第三卷 [M]. 北京：人民出版社，1991：860-861.

[2]　中央文献研究室《党的文献》，《文献与研究》编辑部. 治国与读史：领袖人物谈历史文化 [M]. 北京：中央文献出版社，2008：114.

少。（8）干干净净的多，满身油腻的少。（9）带走的东西多，留下的东西少。（10）"十月怀胎"的多，"一朝分娩"的少。

5月28日，毛泽东批阅了这份材料，给材料拟了一个新题目——《调查成灾的一例》。批改调研材料，给材料冠以更加准确、醒目的标题，以引起全党的注意，是毛泽东的一个重要领导方法。毛泽东批示，将此材料印发正在参加中央工作会议的各同志，同时印发中央及国家机关各部门各党组。

仅仅这样，毛泽东似乎觉得还不够。过了两天，5月30日，毛泽东对这份材料再次作出批示，批示中说：此件，请中央及国家机关各部门各党组，各中央局，各省、市、区党委，一直发到县、社两级党委，城市工厂、矿山、交通运输基层党委，财贸基层党委，文教基层党委，军队团级党委，予以讨论，引起他们注意，帮助下去调查的人们，增强十少，避免十多。同时，他指示，将这个文件，作为训练调查组的教材之一。

二、红旗渠是保持光荣传统优良作风的典范

红旗渠创造了人间奇迹，见证了中国共产党人和中国人民团结奋斗的伟大力量，同时也成为保持光荣传统优良作风的典范，体现了艰苦奋斗、清正廉洁、率先垂范的优良品质。

（一）艰苦奋斗

在修渠之前，林县县委已经带领林县人民建成了大量的水利

设施，解决了部分缺水问题，但缺水问题并没有从根本上得到解决。20 世纪 50 年代，"林县县委已带领全县人民建成中小型渠道 1364 条、水库 36 座，其中县办中型水库 2 座，小型一、二类水库 34 座，池塘 2397 个，旱井 27120 眼，水井 5652 眼，引山泉 650 个，有效灌溉面积达 20.1 万亩（1.34 万公顷）"[1]。

在修渠之初，林县县委就提出了"以自力更生为主，国家扶持为辅"的建渠方针。修渠工具一部分由民工自带，一部分由民工自己制造，其他的由生产队解决。自带工具、自己制造工具表明当时的物质基础十分薄弱，修建如此浩大的工程居然连最基本的生产工具都极不充分，并且还需要让老百姓自己带、自己造，当时的物质条件之艰苦可见一斑。

广大林县人民以冲天干劲、万丈豪情解决了基本的生产工具问题。在党的号召下，林县人民不仅热烈响应，并且还表现出了极为强烈的历史主动精神，完全以社会主义主人翁的姿态加入到轰轰烈烈的修渠事业中。党和人民一起奋斗，共同克服困难，把诸多不可能变为可能，把诸多不可想象变为现实。当时工地上流传着这样一首曲子，将林县人民的艰苦奋斗的精神展现得淋漓尽致，"五尺钢钎变短钎，短钎变成手把錾，手把寸铁不能丢，送

---

[1]　河南省林州市水利史编纂委员会. 林州水利史 [M]. 郑州：河南人民出版社，2005：65.

到炉里重新炼。炼把大锤返前线"[1]。

林县人民的艰苦奋斗精神还体现在当时缺乏基本的生存资料，吃、穿、住、用都捉襟见肘，男女老幼都是在吃不饱、住不好、睡不好的条件下咬紧牙关向前冲。小车不倒只管推，红旗引领不后退。粮食不够，民工们就吃野菜、啃树皮，即使得了浮肿病，也没有停下修渠的脚步。没有房子住，就住在悬崖下，住在石缝里。当工地周围有村民生活时，民工们就跟当地村民商量，住在村民家里。这样虽然不用露宿悬崖，却也是好几十号人挤在一间房，以至于休息时民工们不得不蜷缩着。由于资金有限，当时的工具都必须物尽其用，不能浪费一丝一毫。比如，抬石头的筐破了，就把筐放到水里浸泡，待泡软之后，把藤条拆下来，再重新编。这样重复多次，直到最后实在不能用了，再把它当柴烧了。再比如，废旧的炸药箱要先把钉子全部起下来，用来钉别的工具，箱板要做成灰斗、车厢、水桶等工具。

艰苦奋斗不仅是一种精神，更是在此基础上找到克服困难之道的精神内核。由于当时的社会条件、自然条件有限，不少问题难以在短期内解决，但是林县县委和林县人民没有退路，不能等，只能干。林县人民以这种精神成功修建了举世闻名的红旗渠，试

---

[1]　河南人民出版社. 红旗渠之歌（诗集）[M]. 郑州：河南人民出版社，1974：125.

想，林县人民如果以这种在困难面前不低头、顽强拼搏闯新路的艰苦奋斗精神，来实现建成红旗渠之后一代又一代林县人让生活更加美好的愿望，岂不是易如反掌、信手拈来？

或许实现让生活更加美好的愿望也不是那么容易，毕竟一代人有一代人需要解决的不同的难题和问题，但这种精神的力量却值得我们始终坚守、代代传承。为解决资金不足的问题，林县县委在县里选出一批讲政治、有能力的领导干部，由他们带领数十支建筑工程队走出县门，承包外地工程，扶持本地修渠。

用了近一年半的时间，走出去的林县工程队就带回来 1800 余万元的工程款，保证了红旗渠的修建。林县人民坚持变废为宝，充分利用短木料、废胶带、破铁器、废绳、断麻等，对它们加以修整，如此一来，修渠用的小推车、水桶、拧绳等工具就有了。

10 年修渠，林县人民共烧制石灰 14.5 万吨；造炸药 1215 吨，约占总量的 44.3％；制水泥 5170 吨，约占总量的 77.1％；自编抬筐 3 万多个；自做水桶约 1.89 万副，修配、制作各种工具约117 万件。

（二）清正廉洁

党员领导干部做到清正廉洁是本分。党员领导干部在利益面前要经得起考验，在权力面前要稳得住神，始终做政治上的明白人。

在红旗渠修建过程中，面对各种利益诱惑和权力考验，林县广大党员干部交出了一份满意的答卷。当时并没有建立起严格的管理制度，也没有系统完备的党内法规，林县广大党员干部能做到清正廉洁，靠的是党的光荣传统，靠的是高度的党性自觉。

翻开几十年前的红旗渠工程账本，账单有整有零、清晰可查。修渠物资分类管理，出入有手续，调拨有凭据，月月清点。粮食和资金补助严格按照记工表、伙食表、工伤条等单据对照执行。历时 10 年的修建过程中，没有出现一次请客送礼，没有一处挥霍浪费，没有一例贪污受贿，没有一个干部挪用修渠物资、为自己的亲属谋私利。

中国共产党是来自人民、始终以广大人民群众利益为己任的先进政党，权力是人民赋予的，权力要为人民所用，这是由党的性质决定的。中国共产党自成立之日起，在长期的革命实践斗争中，逐步形成了一系列革命优良传统，最典型的莫过于"三大纪律八项注意"。

在党的历史上有两个版本的"三大纪律八项注意"，分别针对人民军队和党政干部，其着眼点有所区别，但本质上是相互贯通的，那就是守规矩、讲纪律，不能占公家的便宜，不能把不属于自己的东西装在自己口袋里，事事以人民利益为重。

林县广大党员干部继承了中国革命的光荣传统和党的优良作

风，使红旗渠真正成了廉洁之渠、清正之渠。红旗渠作为耗时近10年、投资上亿元的大型水利工程，整个修建过程账目清明，零贪污腐败，无请客送礼，更没有搞特权和挥霍浪费。当时的红旗渠指挥部管理着7000万元的巨额资金，但是没有一个人贪污，没有出现一处挪用工费的现象。

由于解放战争对人民军队的政治纪律、军事纪律和群众纪律提出了更高要求，1947年10月10日，毛泽东起草了《中国人民解放军总部关于重行颁布三大纪律八项注意的训令》（又称《双十训令》），对原来"各地各军略有出入"的内容作了统一规定。《双十训令》指出："本军三大纪律八项注意，实行多年，其内容各地各军略有出入。现在统一规定，重行颁布。望即以此为准，深入教育，严格执行。"三大纪律是：一、一切行动听指挥。二、不拿群众一针一线。三、一切缴获要归公。八项注意是：一、说话和气。二、买卖公平。三、借东西要还。四、损坏东西要赔。五、不打人骂人。六、不损坏庄稼。七、不调戏妇女。八、不虐待俘虏。自此，"三大纪律八项注意"就以命令的形式固定下来，成为全军的统一纪律。如军队的三大纪律中的"不拿群众一针一线"和"一切缴获要归公"，八项注意中的"买卖公平""借东西要还""损坏东西要赔"等，是对清正廉洁的要求。解放上海后，人民解放军严格遵守"三大纪律八项注意"，坚持不扰民，在蒙蒙细雨中露宿于街头。竺可桢当时就在上海，他在看到这一幕后于日记中写道：解放军在路站岗，秩序极佳，绝不见欺侮老百姓之事。在研究院门前亦有岗位，院中同人予以食物均不受。守门之站岗者倦则卧地，亦绝不扰人，纪律之佳，诚难得也。民族工商业者代表荣毅仁在 1993 年回忆道：解放上海的炮声初停，无数解放军战士日日夜夜风餐露宿在马路上，坚持不入民宅的情景，深深打动了我的心。

红旗渠建设期间，我国正进入大规模社会主义革命和建设时期，广大党员干部的纪律观念、党性意识、群众观念很强。相对于人民军队的"三大纪律八项注意"主要是维护军队纪律、着眼于军政军民团结，新中国成立之后公布的党政干部的"三大纪律八项注意"侧重于党群干群关系，破除特权意识，密切联系群众。

中央于 1961 年 1 月 27 日下发了"党政干部三大纪律八项注意（草案第二次修正稿）"，在党内予以公布。这次公布的"三大纪律"是：一、一切从实际出发。二、正确执行党的政策。三、实行民主集中制。"八项注意"是：一、同劳动同食堂。二、待人和气。三、办事公道。四、买卖公平。五、如实反映情况。六、提高政治水平。七、工作要同群众商量。八、没有调查就没有发言权。其中"买卖公平"属于清正廉洁的范畴。

在社会主义市场经济条件下，党政干部面临着更大的诱惑，党风政风面临着更大的考验。全面从严治党，重在加强纪律建设。习近平总书记在二十届中央纪委二次全会上强调，"要把纪律建设摆在更加突出位置""纪律是管党治党的'戒尺'，也是党员、干部约束自身行为的标准和遵循。要把纪律建设摆在更加突出位置，党规制定、党纪教育、执纪监督全过程都要贯彻严的要求，既让铁纪'长牙'、发威，又让干部重视、警醒、知止，使全党形成遵规守纪的高度自觉"。红旗渠就是共产党人遵规守纪、严于律己、严负其责、严管所辖的典范。

（三）率先垂范

在修建红旗渠的过程中，全体党员干部率先垂范，以上率下，从我做起，使广大群众的信心更足、干劲更大。率先是指率先吃苦、先吃亏，冲锋在先；垂范是指亲自出力、亲自带领群众干在第一线，做各方面的示范者、带头人，使党的旗帜在红旗渠上空高高飘扬。

当年修建红旗渠渠首拦河大坝的"人墙截流战术"一直鲜为人知。

春季的浊漳河水，似一条蓝色的带子，在峡谷间缓缓流淌着。但是，一到汛期，浊漳河就会一改春季的温顺，变得桀骜不驯，在山谷间奔腾咆哮，一泻千里。为了让浊漳河水顺利地流进红旗渠里，指挥部计划建一座长 132 米、高 3.5 米的大坝，让水从坝顶过，这样提高水位之后，浊漳河水才能顺利导进红旗渠。1960 年 2 月，红旗渠开工初期，总指挥部把这个最艰巨的任务交给了任村公社。为加快进度，任村公社分指挥部抽调 500 名青壮年民工组成突击营，在渠首组织开展了大会战。先在漳河南岸放炮，随后再从河两边向中间修筑拦河坝。拦河坝在一寸一寸地推进，河水被一寸一寸地挤压。中间的口子还剩十来米时，水流变得湍急起来，漳河水变得暴怒起来。数百民工把一筐筐石渣倒进河里，石渣瞬间就被冲得没了踪影。他们就把砂石装进麻袋倒进河里，还是不行。小的石块不行，再来大的，几百斤的石头刚一推下去，骨碌碌翻两个滚就被冲走了。各种办法都用过了，还是不行。怎么办？关键时刻，各级领导在现场召开了"诸葛亮会"，有人提出用人墙拦水的办法。还没等下命令，盘阳村申金柱、孔繁有、卢录俊、张明生等来自漳河沿岸村庄精通水性的四五十条汉子就脱去棉衣，扑通扑通跳进了湍急冰凉的水里。阴历四月的河水冻得人直打战，下水前，每个人得先喝两口酒，驱驱寒气。他们喊着"吃苦在前享福在后""引来漳河水到林县，我们就能享福了"的口号，义无反顾地跳入水中。水急浪高，把人冲得东倒西歪，他们手挽手，在水里筑起了三道坚不可摧的人墙。岸上的人赶紧往人墙后放沙袋，这样才把水截住，河水就顺着进水口流进了红旗渠，成功实现了大坝合龙。

红旗渠工地上所有领导干部与群众实行"五同"：同吃、同住、同劳动、同商量、同学习。这就是不折不扣地践行了党政干部的"三大纪律八项注意"，如一切从实际出发、同劳动同食堂、工作要同群众商量、没有调查就没有发言权等。"同吃、同住、同劳动"是指党员干部没有任何特权，始终和群众一起，和群众打成一片，亲力亲为，这样的实际行动比任何思想政治工作的效果都好。"同商量、同学习"是指多和群众商量，听取群众的意见，多向群众学习，集中群众的智慧和力量，这样才能做到理论联系实际、从群众中来到群众中去，才能真正做到从实际出发。

最困难的活儿，最危险的地方，都是党员干部最先冲上去。时任林县副县长兼红旗渠工程总指挥的马有金，哪里有危险就出现在哪里，无论遇到什么困难都是跑在最前面，同群众一起抢锤打钎，在工地与群众并肩苦干9年，直至患上严重风湿被抬下工地。红旗渠首张蓝图的设计者、总指挥部工程技术指导股副股长吴祖太的母亲病故时，吴祖太还在工地上。他身怀六甲的妻子料理完老人的后事，因救人牺牲时，他还在工作。没过多久，王家庄隧道工程发生塌方，吴祖太，这位当时稀缺的水利专业技术人才献出了自己年仅27岁的生命。修渠要经过县委干部李运保家的祖坟，李运保顶住家族压力，以大局为重，迁移祖坟。时任林县县长的林清旺为了引漳入林工程早日开工，把个人的安危置之度外，亲自把关于引漳入林工程的请示呈送国务院。

红旗渠工地上还有一条不成文的规定：领导干部先试验，再给群众定标准。但在领取补给的时候却相反，干部补给永远少于群众补给。要知道林县的广大党员干部出的力、流的汗一点儿也不比群众少，同时还要带领群众、谋划进度，和群众拿一样的补助一点儿也不过分，毕竟党员干部也需要吃饭，填饱肚子才能干活儿。但这就是共产党人的风范。有了这样的党员干部，人民群众还有什么可担心的呢？跟着这样的党员干部，还有什么事干不成呢？

表1 红旗渠工地粮食补助表[1]

时间	干部每日粮食补助/kg	民工每日粮食补助/kg	民工生活费/（元/天）
1960年2月—1960年4月	0.75	1.00	0.25
1960年5月—1960年8月	0.60	0.90	0.25
1960年9月—1960年10月	0.40	0.60	0.25
1961年1月—1961年5月	0.60	0.75	0.60
1961年6月—1963年12月	0.60	0.90	0.20

[1] 河南省林州市水利史编纂委员会. 林州水利史 [M]. 郑州：河南人民出版社，2005：196.

续表

时间	干部每日粮食补助/kg	民工每日粮食补助/kg	民工生活费/（元/天）
1964 年 1 月—1964 年 4 月	0.60	0.90	0.30
1964 年 5 月—1965 年 4 月	0.60	0.90	0.50

三、作风建设永远在路上

习近平总书记强调，"作风问题本质上是党性问题"[1]。作风不正，反映的根本问题是党性不强。作风是党性的外在表现，也是人民群众认识和评价党的重要依据。如果党性问题没有解决，作风问题就不可能真正得到解决。

作风问题不是一时一地一事的问题，而是要常抓不懈的常态化问题，稍有放松，就可能松弛下去。作风和党性并不必然随着党员干部的年龄和职务的增长而自然增长。因此，"作风建设永远在路上，必须常抓不懈"[2]。我们也应该深刻认识到，作风强是党性强的基本前提，但是作风强的同时还要提升各项工作能力。

作风是一种态度，一种品格，一种信念，是事业成功的必要条件。只有不断提升政治能力、科学决策能力、群众工作能力等

---

[1]　习近平. 习近平著作选读：第二卷 [M]. 北京：人民出版社，2023：110.

[2]　习近平. 习近平著作选读：第二卷 [M]. 北京：人民出版社，2023：111.

各项能力，才能把事情做好，因为能力是事业成功的关键。

作风和能力接近于"德"和"才"。《资治通鉴》卷一《周纪》有言："才者，德之资也；德者，才之帅也。"一名合格的党员干部，必须既具备全心全意为人民服务的良好作风，同时又要具备高超的工作能力，把为群众办事和提升为群众服务的能力结合起来。

（一）力戒形式主义、官僚主义

形式主义、官僚主义与党的性质和宗旨格格不入，是党的大敌、人民的大敌。形式主义背后是官僚主义，没有官僚主义就不会产生形式主义。官僚主义催生了形式主义，形式主义其实是官僚主义的变种。而官僚主义的根源则在于权力约束不足。

权力约束背后的根源是官本位意识根深蒂固，特权思想和行为盛行。因此，整治形式主义、官僚主义必须追根溯源，厘清形式主义之根、官僚主义之源、权力约束之质，从权力约束上下功夫，坚持务实功、求实效，切实转变作风。

党的十九届四中全会提出要坚持和完善党和国家监督体系，强化对权力运行的制约和监督。"持续推进纪律监督、监察监督、派驻监督、巡视监督统筹衔接常态化制度化""要健全人大监督、民主监督、行政监督、司法监督、群众监督、舆论监督制度，发挥审计监督、统计监督职能作用"。

纪检监察体制改革的推进落实、党和国家监督体系的建立健全意味着监督不仅是在党纪的范围内，并且扩展到国家层面，实现对所有掌握公权力的公职人员监督全覆盖，使权力的运用得到有效的制约和监督，使形式主义、官僚主义无藏身之处。

官本位观念和官僚主义有着深厚的历史文化土壤，必须正确认识其本质与历史源流，才能更好地克服"官本位"观念，破除特权思想和行为，树立"民本位"意识。中国的历史传统使中国人更倾向于依赖高度权威的全能政府，这必然要求赋予政府无上的、绝对的权威，赋予政府官员广泛的权力。这是以牺牲社会生活的自由度为代价的，因为民众已经通过树立国家权威进而承认了这样的制度化安排。在这个意义上，政府无上的权威也赋予了官员无穷的责任，即维护秩序、为民众创造幸福生活等。国家秩序出现混乱、民众对于生活的满意度被破坏的情况，就会被归咎于官员的失职。官员的特权行为和特权思想根深蒂固，必须破除"官本位"，树立"民本位"。

权力必须受到监督。把权力关到制度的笼子里是约束权力的根本之策，但是这个笼子是否结实，是否能够随意打开而又随意关闭则关系到其效力。

朱元璋在位时以罕见的严刑峻法来对待官员，严厉处置了大批贪腐的官员，但即使如此也未能完全堵住官员的贪腐之途，前"腐"后继的怪圈仍然难以打破。官员并非不怕死，而是手中的权力太集中而难以被监督。正是因为历代王朝的官员掌握着巨大的国家权力而缺乏有效的制约，最终导致权力失控，官员的权力压垮了人民的权利，导致王朝覆灭，"人亡政息"的历史周期率一再重演。中国共产党的执政权力是人民赋予的，是为了人民利益而行使的权力，这种权力是否可以天然地自觉地接受人民的监督而实现自我约束呢？当然不可以，权力如无边界则会无限膨胀，这是权力的特性。中国共产党的领导干部掌握的权力也必须受到法律的制约与人民的监督。中国共产党必须不断推进自我革命，发扬斗争精神，永葆生机活力。

权力必须在法治的轨道上运行。党的领袖拥有实现国家统一与独立的巨大历史功绩，其权威在中国人民心目中具有极强的认同感。作为中国共产党的创始人之一的毛泽东以其超凡的个人魅力，带领中国人民走出了帝国主义、封建主义、官僚资本主义的奴役，使中华民族避免了分裂与动乱的危机，得到了中国人民发自内心的景仰。"法国哲学家孟德斯鸠说过：'社会形成之初，是领袖造就制度。'在中国，那就是毛泽东时代。他又说：'后来则是制度产生领袖。'这就是今天的中国。再后来，社会和经济的进一步发展又会重新塑造制度，这种制度在每个时代则产生具有临时权威的适当领袖，以迎接未来的挑战。"[1]

中国后来出现了一些"左"的错误，与权力失控不无关系。改革开放之后的中国逐渐走向现代社会，党的领导也逐渐走上了法治的轨道，这就从根本上奠定了共产党执政合法性的基础。正如邓小平所言："必须使民主制度化、法律化，使这种制度和法律不因领导人的改变而改变，不因领导人的看法和注意力的改变而改变。"[2]

正确认识党的领导与权力约束的关系。党的权威至高无上，党的执政地位是党的权威的结果而非原因。中国共产党缔造了伟大的中华人民共和国，开辟了中国历史的新纪元，而以宪法形式确认中国共产党的唯一合法执政地位是对历史和人民选择的确认，这是中国政治发展道路的独特性与合理性所在。

"唯有党建国家才是中国完成政权转型的现实路径。就此而言，国民党和共产党有着高度的相似之处。这既是共同向苏联学习的结果，也不妨看作历史选择的结果。"[3] 当然，这其中也有着中国 2000 多年大一统帝制时代的深刻影响。中国政治文化具有

[1] 罗斯·特里尔. 毛泽东传 [M]. 何宇兆，刘加英，译. 北京：中国人民大学出版社，2010：5.

[2] 邓小平. 邓小平文选：第二卷 [M]. 北京：人民出版社，1993：146.

[3] 徐纬光. 军队、战争与国家整合：对晚清至民国的考察 [J]. 读书，2019（7）：10-18.

鲜明的中央集权和集体主义特征，对于中国的制度选择具有较强的历史约束。在中国，国家具有全能广大的权威，而国家的权威依托于执政党的巨大权威与合法性，而执政党的权威又依赖于人民的支持。对于这种特点，亨廷顿认为："在缺乏合法性的传统根基的情况下，人们就只好在意识形态、领袖魅力或主权在民论中去寻求合法性。为了能够长期存在下去，意识形态、领袖魅力或主权在民论等各种合法原则又都必须体现在一个政党的身上。不是政党反映国家意志，而是政党缔造国家，国家是党的工具。政府的行动只有反映了政党的意志才是合法的。政党是合法性的根基，因为它是国家主权、人民意志或无产阶级专政的制度化身。"[1]

中国共产党改造了中国社会，中国社会在中国共产党的领导下迅速实现了现代化，但中国社会现代性的增强对中国共产党的权威也形成了挑战，即中国共产党必须迅速适应自身推动的现代化进程和中国社会不断增加的现代性特征。因为"社会和经济的现代化破坏了旧的权威模式，摧毁了传统的政治制度，却不一定会创造出新的权威模式或新的政治制度。但它却一定会由于启发了政治觉悟和扩大了政治参与而产生

---

[1] 塞缪尔·P. 亨廷顿. 变化社会中的政治秩序 [M]. 王冠华等，译. 上海：上海人民出版社，2008：69.

对新权威和新制度的迫切需求"[1]。

牢固树立"民本位"观念。在长期"官本位"思想的熏染之下，特权思想和特权行为历来是中国官场的顽瘴痼疾。中国共产党是坚决反对任何特权的。在全面从严治党的过程中各种特权行为被一一清算，官场风气开始发生可喜的变化。但是特权行为由于外在的压力而被抑制的同时，官员心中的特权思想未必就能随之而根除，而是出现了很多变异的现象。

如果没有党中央的强大权威和决心，没有真正的改革意识和自我革命精神，特权行为和特权思想将会成为改革的重大障碍。找到"自我革命"这个跳出治乱兴衰历史周期率的第二个答案，充分体现了习近平总书记强烈的忧患意识和巨大的政治勇气，体现了中国共产党鲜明的自我革命精神和全国人民的团结奋斗精神。因为特权不除，必有亡党亡国之虞。中国共产党不能有自己的任何特殊利益，一旦走上了追求自己特殊利益的邪路就会失去先进性，就会被历史和人民所抛弃。因此，约束权力，警惕权力背后的巨大利益诱惑，敬畏人民赋予的神圣权力，在宪法和法律的范围内正确履行权力，是治理形式主义、官僚主义的必然要求。

（二）从"官本位"转向"民本位"

在科层制传统中，官僚体系意味着秩序和服从，不同层级有

[1]　塞缪尔·P. 亨廷顿. 变化社会中的政治秩序［M］. 王冠华等，译. 上海：上海人民出版社，2008：381-382.

上下从属之分，不同领域有专业分工，体现出典型的非人格化特征，"官本位"观念应运而生。

政治体系的有效运转取决于官僚体系的清廉、公正和高效，必须依靠一套完整的机制，能够覆盖官员的职业生涯全过程，约束其职务晋升、岗位职责、绩效考评等。无论哪个时代的政治体系，都需要靠官僚体系来维护和运转，但同时政治体系对官僚体系也有塑造作用，监督有力的政治体系会减少官员的懈怠，促进效率的提升，矫正"官本位"观念与现实的冲突。

全面深化改革对党的干部队伍提出了更高的要求和标准，中国传统的"官本位"观念必须适应新的形势，向人民本位转变，党的干部要牢固树立宗旨意识，重塑清廉、公正、效率形象。执政队伍建设事关党和国家事业发展全局。

推动伟大事业，关键在党，关键在人，关键在各级党政领导干部特别是一把手，因为一把手是"少数之关键"。毛泽东在党的六届六中全会上就提出一个规律性的重大论断："政治路线确定之后，干部就是决定的因素。"[1]

新时代艰巨繁重的改革发展任务和风险挑战压力对执政队伍提出了新的要求和期待。要按照习近平总书记提出的好干部要做

---

[1]　毛泽东. 毛泽东选集：第二卷［M］. 北京：人民出版社，1991：526.

到"信念坚定、为民服务、勤政务实、敢于担当、清正廉洁"的二十字标准重构执政队伍，强化理想信念，做到为民务实清廉、忠诚干净担当。

传统"官本位"观念在中国可谓树大根深、枝繁叶茂，渗透进中国人的骨髓里、血液里。以官为本、以吏为师、官大一级压死人是中国历代封建王朝强调的稳固国本的"官本位"等级秩序。

中国共产党始终坚持以人民为中心的发展思想，坚持各级领导干部是人民公仆的"民本位"理念。但"官本位"观念对中国共产党影响深远，在党的执政队伍中，崇尚"官本位"、鼓吹"官本位"者大有人在。"官本位"是官僚主义滋生的根源，官僚主义之所以仍然大行其道，甚至在某些地方和领域有愈演愈烈之势，根本原因在于"官本位"观念没有得到根本破除。

1980 年，邓小平在《党和国家领导制度的改革》一文中深刻分析了官僚主义的主要表现和危害："高高在上，滥用权力，脱离实际，脱离群众，好摆门面，好说空话，思想僵化，墨守陈规，机构臃肿，人浮于事，办事拖拉，不讲效率，不负责任，不守信用，公文旅行，互相推诿，以至官气十足，动辄训人，打击报复，压制民主，欺上瞒下，专横跋扈，徇私行贿，贪赃枉法，等等。"[1] 而其中的 9 种表现（思想僵化、墨守成规、机构臃肿、人浮于事、办事拖拉、不讲效率、不负责任、公文旅行、互相推诿）属于功能性官僚主义，原因是缺乏激励，干多干少一个样，干与不干一个样；另外 15 种表现（高高在上、滥用权力、脱离实际、脱离群众、好摆门面、好说空话、不守信用、官气十足、动辄训人、打击报复、压制民主、欺上瞒下、专横跋扈、徇私行贿、贪赃枉法）属于结构性官僚主义，源于全能政府理念下的政府权力缺乏约束、管控范围不断扩大。

邓小平也特别强调："官僚主义是一种长期存在的、复杂的历史现象。"[2]"官本位"观念和官僚主义有着深厚的历史文化土壤，必须正确认识其本质与历史源流，才能更好地克服"官本位"观念、破除特权思想和行为，树立"民本位"意识。

官员在传统中国社会一直是最优越的阶层，掌握权力，似乎拥有某种神秘的力量，这种力量在政治学上就是指领导和服从，即合法强迫别人服从的权力。

中国的官僚系统一直在改造中不断更替，塑造了中国人对于

---

[1] 邓小平. 邓小平文选：第二卷［M］. 北京：人民出版社，1994：327.

[2] 邓小平. 邓小平文选：第二卷［M］. 北京：人民出版社，1994：327.

官场、权力的无比向往和不懈追求。这种"官本位"意识或者说"官阶意识"在军队中体现得比较明显，因为军队特别强调下级对上级的绝对无条件服从，强调上层对下层的统治，这有利于统一行动和集体行动。因为没有这样的统一行动很有可能导致战争的失败，直接带来国家的毁灭以及国民肉体上和精神上的毁灭，是决定国家命运的关键因素。因此，古代讲的"军国大事"就是把军队放在国家之前，充分说明了枪杆子的重要性。

中国共产党在探寻走向革命胜利的道路上，毛泽东提出的"枪杆子里面出政权"的著名论断，对于中国来说确为颠扑不破之真理。中国帝制时代战争频仍，大约相隔 60 年就会有一场天下大乱而不是局部战争，特别是三国两晋南北朝经历了长达 370 年之久的中国历史上漫长的"大分裂时期"。

中国古典名著《三国演义》生动地描述了各种政治力量的机巧善变。军事家可能是成就政治家最重要的资源，有时候军事家本身就是政治家。德国军事理论家克劳塞维茨在《战争论》中提出："战争只不过是政治交往的一部分，而绝不是什么独立的东西。"[1] 毛泽东在著名的《论持久战》中强调，"战争是政治的继

---

[1]　克劳塞维茨. 战争论：第三卷［M］. 中国人民解放军军事科学院，译. 北京：商务印书馆，1982：894.

续""政治是不流血的战争，战争是流血的政治"[1]。

在战乱频繁的古代中国，为什么这种讲究秩序的政治社会传统会这么完整无缺地传导如此之久呢？主要在于儒家文化主导的政治秩序，这种政治秩序最重要的就是明晰官与民的界限，今天我们仍然能感觉到其强大的惯性与力量。

（三）为人民用好权

党员领导干部的权力来自人民，要正确认识和对待手中的权力、牢固树立正确的权力观，牢固树立以人民为中心的发展思想，全心全意为人民服务、真心实意为人民办事，走好新形势下群众路线，始终与人民群众站在一起、想在一起、干在一起，既"身入"基层，又"心到"群众，想群众之所想、急群众之所急、忧群众之所忧。要严格恪守廉洁自律准则，筑牢思想防线，保持清醒头脑，始终敬畏人民、敬畏组织、敬畏法纪。

珍惜权力，保持敬畏之心。党的十八大以来，习近平总书记从党和国家事业发展全局出发，强调权力是人民赋予的，要为人民用好权，让权力在阳光下运行，为我们正确认识权力的本质和来源，珍惜手中的权力，对权力始终保持敬畏之心提供了根本遵循。

---

[1]　毛泽东. 毛泽东选集：第二卷 [M]. 北京：人民出版社，1991：479-480.

权力意味着信任。权力不是凭空产生的，权力来自人民的授权，权力意味着组织的信任和人民的重托。党员干部能够走上领导岗位、掌握一定的权力都是不容易的，要经过组织的层层选拔，要经过人民的评判和检阅，要具备政治过硬、本领高强的能力素养。特别是在重要岗位、承担重要责任的关键少数，尤其是"关键少数"中的"少数关键"，即重要岗位的"一把手"，更是离不开各个方面的历练和培养。

领导干部要善于把党和人民的信任和重托转化为责任和能力，不断强化为人民执好政、掌好权的政治自觉，不断提升应对复杂困难局面的能力，向习近平总书记提出的"好干部二十字标准"看齐。有多大的权力，就意味着有多大的责任。权力大，责任更大，更要战战兢兢、如履薄冰，更要多想想手中的权力有多重。领导干部和一般党员、正职和副职、中高级领导干部和一般领导干部的权力和责任是不同的，级别越高、岗位越重要、权力越集中，承担的责任就越大。

权力行使不能任性，要遵循权责对等的原则，遵循权力的规律和要求，坚持权为民所用、情为民所系、利为民所谋，要把手中的权力用在无限的为人民服务中去，才能真正体现权力的价值。要始终做权力的守护者，守护权力的界限和权威，守护权力的力量和尊严，守护权力的本质和目的。

　　权力意味着担当和付出。敢于担当，勇于付出，是践行马克思主义权力观的本质要求。党的领导干部要有远远高于一般人的担当和付出。会担当、能担当、善于担当是领导干部的基本素质，担当的前提是愿意为了人民的利益勤于奉献、甘于付出，要始终坚持"功成不必在我"的精神境界和"功成必定有我"的历史担当，强化公仆意识、责任意识、大局意识，练好岗位本领，做好本职工作，不断开拓创新，争做党和人民满意的好干部。

　　担当和付出要求领导干部做到"无我""无亲""无友"。"无我"并非放弃自我，而是把自己的全部精力和时间献给党和人民的事业，做到有大我无小我、有党和人民的利益而无任何个人私利；"无亲"并非指六亲不认，而是指手中的权力只能用来为人民谋利益而不能为亲人谋取私利；"无友"并非不要自己的朋友，而是指在利益面前、在大是大非面前绝不能为了朋友的利益请托而丧失原则，拿权力做交易。当然，这三个"无"同时还指由于工作的繁忙，在时间和精力上很难兼顾亲人、朋友，这也是一种担当和付出。

　　要管好权力，必须筑牢思想防线。习近平总书记强调，在进行社会革命的同时不断进行自我革命，是我们党区别于其他政党最显著的标志，也是我们党不断从胜利走向新的胜利的关键所在。这就为党员领导干部如何管好手中的权力提出了明确方向，即把

"自我革命"和"社会革命"统一起来，相互融合、相互贯通、相辅相成、相得益彰。只有在自我革命的基础上，把党自身管好，才有资格和能力带领人民群众实现社会革命的胜利，实现中华民族伟大复兴的中国梦。

阳光是最好的防腐剂，公开是对权力最好的监督。信任不能代替监督，权力的公开和透明是对建设现代法治政府的内在要求。实现国家治理现代化，首先要实现法治的现代化，而法治现代化的核心就是法治政府建设。

各级政府要按照习近平总书记提出的法治国家、法治政府、法治社会和依法治国、依法执政、依法行政的三位一体目标的要求，强化政府责任，推进政务公开和权力清单制度，加强法治政府、创新政府、廉洁政府和服务型政府建设，不断提升治理能力。

依法治国首先要依宪治国，依法执政首先要依宪执政，依法行政也同样要依据宪法精神。党员领导干部要把建设法治政府的责任扛在肩上、抓在手上、记在心上，管好手中的权力，明确权力的边界，坚持法治思维和法治方式，使所有行政行为都在法治的轨道上运行，重大改革必须于法有据。严管才是厚爱，动员千遍不如问责一次，要强化政府问责机制建设，使所有行政权力的行使有据可查、有法可依，建立常态化的行政问责机制，各级政府要自觉做到法无授权不可为、法定职责必须为。

　　在全面从严治党的大背景下，对党员领导干部廉洁用权提出了更高的要求。共产党人要始终保持清正廉洁的政治本色，保持高尚精神追求。正确认识和对待手中的权力，做到公正用权、依法用权、为民用权、廉洁用权，严以修身、严以用权、严以律己，永葆共产党人拒腐蚀、永不沾的政治本色，发扬艰苦奋斗的优良作风，永葆共产党人的先进性和纯洁性，做廉洁从政的表率。

第六章　全面建设社会主义现代化国家

延安精神和红旗渠精神是在中国共产党的第一个百年奋斗光辉历程中形成的宝贵精神财富，激励着一代又一代共产党人团结带领全国各族人民为实现第二个百年奋斗目标而团结奋斗、继往开来。从日出东方到星火燎原，从力挽狂澜到灯塔指引，再到进京赶考，从第一个百年奋斗目标的实现到全面建设社会主义现代化国家、实现第二个百年奋斗目标，中国共产党人始终牢记初心使命，踔厉奋发，勇毅前行。

2021 年 11 月 11 日，中国共产党第十九届六中全会第六次全体会议审议通过了《中共中央关于党的百年奋斗重大成就和历史经验的决议》（以下简称《决议》），《决议》指出："过去一百年，党向人民、向历史交出了一份优异的答卷。现在，党团结带领中国人民又踏上了实现第二个百年奋斗目标新的赶考之路。时代是出卷人，我们是答卷人，人民是阅卷人。我们一定要继续考出好成绩，在新时代新征程上展现新气象新作为。"[1]

党的第一个百年光辉历程，尽管经历了曲折坎坷和重重考验，但总体上是成功的、胜利的。在实现第二个百年奋斗目标的伟大征程上，我们要继续成功、继续胜利，必须发扬延安精神和红旗渠精神，以重新安排河山的大无畏革命精神和历史主动精神，走好新时代的赶考路。

一、延安实践开天辟地

延安是中国共产党领导中国革命走向全国胜利的出发点，是中国共产党开天辟地建立新中国、开启中国发展新纪元的出发点。毛泽东思想在延安时期确立，毛泽东的领袖地位在延安时期确立。延安时期中国共产党确立了正确的政治路线、思想路线、组织路线、群众路线，为革命胜利奠定了坚实基础。

（一）毛泽东与中国发展整体框架的形成

毛泽东领导中国共产党改造了中国的基本社会结构，在中华民族的千年史册上书写了光辉的篇章，并且对中国千年的历史走向和政治走向产生了极其深远的影响。毛泽东代表了共产党人的

---

[1]　中共中央关于党的百年奋斗重大成就和历史经验的决议 [M]. 北京：人民出版社，2021：71.

整体形象和影响力，以至于他在他的时代和他以后的时代都成为一种巨大而又清晰的政治坐标和历史坐标巍然屹立。在毛泽东的领导下，中国逐渐走出了近代以来的衰败景象，一个生机勃勃的新中国屹立于世界东方，一种新的政治力量——中国共产党改写了中国的历史、改变了中国的形象，形成了符合中国国情、具有中国特色的国家治理观，奠定了中国国家治理现代化的政治基础和社会基础。

毛泽东的一生充满了传奇色彩，他建立的不朽历史功勋和独特的个人魅力，符合历经百年忧患的中华民族对于伟大人物的所有渴望和美好想象。从中国共产党成立到毛泽东逝世的近 55 年中，毛泽东以坚韧不拔的意志和高超的战略眼光将积贫积弱的处于半殖民地半封建社会的旧中国变成了一个独立自主、自力更生、享有崇高地位和世界影响力的强盛国家。

回顾这段历史，可以发现未来（包括今天）中国发展的整体框架，这个框架就是社会主义的框架。这是中国国家治理走向现代化的基础，没有这个基础，中国就无法走出传统的封建性的泥潭，无法跳出治乱循环的历史怪圈。

毛泽东之于中华民族，居功至伟。"中国历史上，出身社会底层而能够一统天下的，三千年来只有三个人：汉高祖刘邦、明太祖朱元璋和毛泽东。"[1] 试想，在鸦片战争之后的火烧圆明园、八国联军侵华、九一八事变、七七事变的历史巨变中，当时的中国人民面临着什么样的命运？中华民族处于一种什么样的精神状态？再看看今天的中华民族和中国人民的整体状态，真是发生了翻天覆地的变化。正是在毛主席的领导下，中国共产党团结了最大多数的人民群众，推翻了三座大山，改变了中国的悲惨现状，改写了中国的千年历史发展进程。今天也许有些人已经忘记了毛泽东那一代共产党人的奋斗精神和大无畏的革命意志，但是作为亲手缔造了中国共产党、中国人民解放军、中华人民共和国的伟大领袖，作为中华人民共和国的开国之父、一代伟人，毛泽东为中华民族、中国人民建立了不可磨灭的历史功勋，毛泽东思想也将永远成为中国共产党人的伟大旗帜。

团结在毛泽东思想的旗帜下，就是团结在社会主义的旗帜下，这是共产党人的基本共识。有了毛主席，多灾多难的中华民族就有了主心骨和精神支柱，中国共产党人就有了面对一切困难的勇气和意志；有了毛主席，我们就什么都不怕。当时的共产党人最担心的是，如果哪一天毛主席不在了，我们该怎么办？共产党人该向哪里走？中国会有什么样的前途和未来？这种朴素而又纯净

---

[1] 李晓鹏. 从黄河文明到"一带一路"：第1卷 [M]. 北京：中国发展出版社，2015：77.

的感情饱含中国共产党人的阶级感情和整个中华民族的民族意志，是对正确道路的坚持和对美好未来的现实期许，我们有共同奋斗实现伟大目标的框架——社会主义。

社会主义的核心要素是实现全体人民的共同富裕，实现公平正义。公平正义历来是中国历代王朝兴衰更替的试金石，如果不能很好地处理统治者与被统治者最起码的利益平衡，就会导致土地兼并、两极分化、官民关系严重恶化直至农民战争爆发。

社会主义不管向哪里发展，共同富裕都是基本原则，这是以毛泽东为首的共产党人在长期的革命斗争实践中观察、总结出来的基本经验。这个基本经验不是一时一地的经验，而是将贯穿于社会主义发展的全过程。

中国人民勤劳勇敢，吃苦耐劳，任劳任怨，只要不是被逼得走投无路，几无可能去真正造反。陈胜、吴广领导的大泽乡起义，以及当年的刘邦"斩蛇起义"，其实都是"与其坐以待毙，不如揭竿而起"的无奈选择。

中国共产党人包括党的领袖都是在社会底层成长起来的，目睹了旧制度对人民的伤害与摧残。中国共产党的政策之所以能够深得民心，就是因为党时刻把人民的利益放在第一位，主要是体现在共同富裕的目标上。

在"分田分地真忙"的大革命时期，在团结一切民族力量抵抗日本帝国主义的"减租减息"时期，在实现"耕者有其田"的土地改革、"打倒一切国民党反动派"、为中国带来光明未来的解放战争时期，党都能够团结最广大人民群众，用共同富裕的目标来激励人民，把人民利益的实现作为自己的政策贯彻落实的检验标准。

实现共同富裕需要经济基础的支撑和上层建筑的改造，最重要的制度支撑点就是公有制的引领和主导。我们历来并不主张公有制是灵丹妙药、包治百病，但也从不认为资本主义和私有制是解决中国一切问题的关键。

社会主义就是要搞公有制，这个公有制是人民的公有制，包括全民所有制和集体所有制。尽管在社会主义市场经济条件下，各种所有制都是市场主体，具有同等地位，但是作为社会主义的基本原则，公有制的主导地位绝不能动摇。

在一些领域和行业，在一些地区和部门，私营经济发挥着独特作用，甚至在国民经济发展中起到极其重要的作用。有些地方的私营经济已经超过了公有制经济的规模和水平。但是从整体上看，公有制经济仍然占主体地位，这个主体地位绝不能改变，一旦改变，就意味着社会主义的性质发生改变。马克思主义关于社会主义特征的描述在当今时代仍然没有过时。给最广大人民群众以实现美好生活的希望，必须依靠公有制的力量。私有化在中国没有出路，更不可能代替公有制成为中国的基本经济制度。

在共同富裕、公有制的框架基础上，毛泽东打造了中国独特的政治制度、经济制度、文化体制、社会体制，形成了国家治理的整体框架。

党的十一届三中全会开辟的改革开放道路，即中国特色社会主义道路，同样是在以毛泽东为代表的中国共产党人打造的社会主义的整体框架下展开的，是社会主义在新的历史条件下的丰富和完善。

今天的全面深化改革，也仍然是在社会主义的总体框架下的提升和深化。在社会主义的框架下，中国实现了民族独立与国家统一，实现了经济自主、政治稳定、人民安居乐业。社会主义事业也是蒸蒸日上，取得了举世瞩目的伟大成就。特别是自社会主义基本制度确立以来，仅仅用两代人的时间就在经济发展方面创造了"中国奇迹"，形成了独特的"中国模式""中国道路"。这在整个人类文明史上都是了不起的创举。之所以能实现这些伟大创举，最根本的原因就是我们有以毛泽东为代表的中国共产党人打造的中国国家治理的基本框架——社会主义。

在全球化时代，不少人未能深入了解社会主义和资本主义的本质区别，对社会主义前途悲观失望，甚至还有不少人故意唱衰社会主义。事实胜于雄辩，中国特色社会主义的发展就是最好的证明。中国特色社会主义国家治理的制度框架为人类走向更加光明的未来提供了最现实、最清晰、最具合理性的选项。

（二）扎实推进共同富裕

习近平总书记强调，现在已经到了扎实推进共同富裕的历史阶段，这一重大判断创新发展了马克思主义对社会主义发展阶段的认识。

"党的十八大以来，党中央把握发展阶段新变化，把逐步实现全体人民共同富裕摆在更加重要的位置上，推动区域协调发展，采取有力措施保障和改善民生，打赢脱贫攻坚战，全面建成小康社会，为促进共同富裕创造了良好条件。现在，已经到了扎实推动共同富裕的历史阶段。"[1]

邓小平提出的"三步走"发展战略的第三步，是到21世纪中叶，达到中等发达国家水平。而新时代的发展战略则立足新的时代特点，提出"两个十五年"的论述。

第一个"十五年"，即从2020年到2035年，在全面建成小康社会的基础上，基本实现社会主义现代化。这个水平其实就已经达到了邓小平当年设想的第三步发展水平。新时代党中央擘画的宏伟蓝图把达到中等发达国家水平的完成时间提前了15年。

第二个"十五年"，即从2035年到本世纪中叶，把我国建成

---

[1] 习近平. 扎实推动共同富裕 [J]. 求是，2021（20）：4-8.

富强民主文明和谐美丽的社会主义现代化强国。这个水平将达到发达国家的水平。中国的共同富裕水平，中国人民对美好生活的向往在物质层面和精神层面，都将达到前所未有的高度。在精神层面，人们对美好生活的追求包括更为丰富的内容，涵盖生态环境保护与经济发展模式、民主参与和政治权利、公平正义与人权保障、公权力的约束与有效监督、人文精神与社会主义核心价值观的践行等方面。

共同富裕是社会主义现代化的重要目标。2021 年 1 月 28 日，习近平总书记在十九届中央政治局第二十七次集体学习时指出："进入新发展阶段，完整、准确、全面贯彻新发展理念，必须更加注重共同富裕问题。党的十九届五中全会向着更远的目标谋划共同富裕，提出了'全体人民共同富裕取得更为明显的实质性进展'的目标。共同富裕本身就是社会主义现代化的一个重要目标。"[1]

2021 年 2 月 3 日至 5 日，习近平总书记在贵州考察时指出："共同富裕本身就是社会主义现代化的一个重要目标，要坚持以人民为中心的发展思想，尽力而为、量力而行，主动解决地区差距、城乡差距、收入差距等问题，让群众看到变化、得到

[1]　习近平在中共中央政治局第二十七次集体学习时强调　完整准确全面贯彻新发展理念　确保"十四五"时期我国发展开好局起好步 [N]. 人民日报，2021-01-30（1）.

实惠。"[1] 共同富裕道路是中国特色社会主义制度的显著优势。

党的十九届四中全会通过的《中共中央关于坚持和完善中国特色社会主义制度、推进国家治理体系和治理能力现代化若干重大问题的决定》总结了我国国家制度和治理体系13个方面的显著优势，其中第8个方面的优势是"坚持以人民为中心的发展思想，不断保障和改善民生、增进人民福祉，走共同富裕道路的显著优势"[2]。

党的二十届三中全会审议通过的《中共中央关于进一步全面深化改革、推进中国式现代化的决定》指出，要健全保障和改善民生制度体系，"在发展中保障和改善民生是中国式现代化的重大任务。必须坚持尽力而为、量力而行，完善基本公共服务制度体系，加强普惠性、基础性、兜底性民生建设，解决好人民最关心最直接最现实的利益问题，不断满足人民对美好生活的向往"[3]。

共同富裕体现了社会主义的本质。2015 年 11 月 23 日，习近

---

　　[1]　习近平春节前夕赴贵州看望慰问各族干部群众　向全国各族人民致以美好的新春祝福　祝各族人民幸福吉祥祝伟大祖国繁荣富强 [N]. 人民日报，2021-02-06（1）.

　　[2]　十九大以来重要文献选编：中 [M]. 北京：中央文献出版社，2021：271.

　　[3]　中共中央关于进一步全面深化改革、推进中国式现代化的决定 [N]. 人民日报，2024-07-22（1）.

平总书记在十八届中央政治局第二十八次集体学习时的讲话中指出："邓小平同志指出，社会主义的本质，是解放生产力，发展生产力，消灭剥削，消除两极分化，最终达到共同富裕。党的十八届五中全会鲜明提出要坚持以人民为中心的发展思想，把增进人民福祉、促进人的全面发展、朝着共同富裕方向稳步前进作为经济发展的出发点和落脚点。这一点，我们任何时候都不能忘记，部署经济工作、制定经济政策、推动经济发展都要牢牢坚持这个根本立场。"[1]

2015 年 11 月 27 日，习近平总书记在中央扶贫开发工作会议上的讲话中强调："消除贫困、改善民生、逐步实现共同富裕，是社会主义的本质要求，是我们党的重要使命。"[2] 2021 年 2 月 25 日，习近平总书记在全国脱贫攻坚总结表彰大会上的讲话中指出："我们始终坚定人民立场，强调消除贫困、改善民生、实现共同富裕是社会主义的本质要求，是我们党坚持全心全意为人民服务根本宗旨的重要体现，是党和政府的重大责任。"[3]

共同富裕是人民美好生活的重要标志。"美好生活"意味着

---

[1]　十八大以来重要文献选编：下［M］. 北京：中央文献出版社，2018：4.

[2]　十八大以来重要文献选编：下［M］. 北京：中央文献出版社，2018：31.

[3]　习近平. 习近平谈治国理政：第四卷［M］. 北京：人民出版社，2022：133.

共同富裕进入了更高的层次。"美好生活"内在地蕴含着中国人民对生活水平、生活质量、幸福指数的追求，是共同富裕事业的重要标志。

"美好生活"背景下经济增长的内涵和外延都有了时代性的拓展。新时代追求的经济增长是"更高质量、更有效率、更加公平、更可持续、更为安全"[1] 的增长。

数十年来全球经济增长所创造的财富，不断向占人口百分之零点几的少数富豪集中，经济增长对普通百姓失去意义；技术进步使"无就业的经济增长"工资停滞、福利削减越来越普遍。这种态势首先在发达国家出现，继而向发展中国家蔓延。这是一种全球贫富差距拉大、两极分化趋势日益明显的态势。中国追求的是全体人民共同富裕的经济增长，是发展成果更多更公平惠及全体人民的经济增长。"从需求看，高质量发展应该不断满足人民群众个性化、多样化、不断升级的需求，这种需求又引领供给体系和结构的变化，供给变革又不断催生新的需求。"[2]

"习近平总书记强调，人民对美好生活的向往就是我们的奋斗目标，发挥人民主体作用是推动发展的强大动力。统筹最广大

---

[1]　党的十九届六中全会《决议》学习辅导百问 [M]. 北京：党建读物出版社，学习出版社，2021：40.

[2]　习近平经济思想学习纲要 [M]. 北京：人民出版社，学习出版社，2022：63.

人民的根本利益和急难愁盼现实问题，始终坚持发展为了人民、发展依靠人民、发展成果由人民共享，坚持在发展中保障和改善民生，尽力而为、量力而行，坚定不移走共同富裕道路，不断做大做好蛋糕、切好分好蛋糕，彰显社会主义制度的本质要求。"[1]"做大"蛋糕要靠高质量发展，"切好"蛋糕则要靠制度性安排。

（三）提高群众参与改革的能力

坚持发展依靠人民、发展为了人民，让发展成果在更高水平上惠及全体人民，实现全体人民的共同富裕是中国共产党坚持和发展中国特色社会主义的内在要求，也是在新的历史起点上推进全面深化改革、打破利益固化的藩篱、体现社会主义基本原则的根本要求。

群众面对改革一般有三种态度：一是积极主动参与；二是顽固抗拒改革；还有一种是对改革漠然置之，既不主动参与，也不顽固抗拒，实则是对改革的排斥、观望与怀疑，是另外一种形式的拒斥。为什么会出现这种情况？这就关系到在全面深化改革进程中的参与度问题。

积极主动参与改革的，大部分是认可改革的理念和方向，特别是能够与自身利益相契合，愿意在改革的进程中贡献力量。改

---

[1] 穆虹. 完整准确全面学习贯彻习近平经济思想 [J]. 企业观察家, 2022（10）：76-81.

革必然是一个利益重新调整的过程，利益格局变化和利益差别会逐渐显现出来。当然，大多数人都是改革的获益者，从长远来看，大家都会最终从改革中得到实实在在的利益。但在短期内，特别是在一个特定的时间节点上，会引起利益矛盾和冲突，造成一定程度的社会心理震荡。顽固抗拒改革者之所以采取这种方式，正是由于改革触动了他们的既得利益，触动了他们的"灵魂"。既得利益并非都要予以否定，既得利益如果是正当的、合理的，就没有必要再作调整，真正需要调整的是不合理、不公平甚至不合法的既得利益。这些既得利益者如果抱成一团，形成合力，就是我们今天所要打破的"利益固化的藩篱"。利益一旦固化，既得利益者就会患得患失，成为改革的强大阻力。

改革在一些领域难以突破，无法推动，根本上是因为既得利益者的阻挠。更为可怕的是，一些既得利益者如果以参与改革之名而行阻碍改革之实，并且在一定程度上行使了改革的领导权，就会千方百计把不合理的改革措施付诸实施，把有碍于他们自身利益的改革措施束之高阁。因此，打破利益固化的藩篱，是全面深化改革得以顺利推进的关键所在。既得利益者往往是不会自动退出的，甚至还可能伺机反抗，对抗改革，破坏改革的大局，必须引起我们的高度警惕。

当前，人民群众对于改革的参与度是空前的。党的十八大以来，随着实现中华民族伟大复兴中国梦的深入人心，随着全面深化改革的顺利推进，随着公平正义社会格局的逐渐形成，人民群众对于改革的参与特别是主动投身改革的热情空前高涨。打破利益固化的藩篱是共产党人对社会主义共同富裕原则的真正落实。尤其是在中国的综合国力大幅度提升的情况下，人民群众能不能享受到国家发展的成果，能不能在改革中实现利益的增进和生活水平的提高，还要看人民群众在改革中是否有话语权。

全面深化改革坚持顶层设计与摸着石头过河相结合。所谓顶层设计是以人民群众的首创精神为基础，从群众中来，再到群众中去。而摸着石头过河是在党的领导下人民群众共同参与的改革实践。群众的利益关切，群众的创新精神，是推动改革的力量源泉。人民参与改革才能保证公平正义的方向，使改革成果为人民共享。

从历史上看，如果统治阶级的压榨和掠夺超过人民的极限，如果统治阶级的利益分配出现问题，形成两极分化的格局，就会使有着"不患寡而患不均，不患贫而患不安"传统观念的老百姓起来造反，从而改变现存的分配秩序，重新打造一个相对公平的分配格局。可惜的是，这样的分配秩序在中国漫长的封建社会从未实现过。直到今天，也只有中国共产党人才能带领人民群众实现共同富裕，形成公平正义的利益格局。

在改革开放之初，邓小平同志就多次强调，在改革的过程中如果出现了资产阶级，出现了两极分化，那么我们的改革就失败了。从目前的情况来看，中国确实存在着出现两极分化的危险。利益差别比较大、利益格局不平衡，人民群众的获得感还未得到充分满足。

习近平总书记强调，无论我们走到哪里，都不能忘记是从哪里出发，是为了谁而出发。我们共产党人来自人民群众，除了人民群众的利益之外，没有自己特殊的利益。我们在艰难困苦的条件下正是得益于人民的支持才走向胜利，才战胜无数的困难和挑战，实现民族独立与解放、国家富强与人民幸福的执政使命。在改革开放新的历史时期，在全面深化改革的新的历史起点上，着力打造一切为了人民、体现公平正义的社会格局，意义重大，影响非常深远。

二、红旗引领改天换地

一渠绕群山，精神动天下。红旗渠是英雄的林县人民刻在太行之巅的历史丰碑，是党和人民谱写的英雄史诗，是在党的红旗引领下实现梦想、创造改天换地伟大奇迹的人民力量。林县人民有志气，没有工具自己制，没有石灰自己烧，没有抬筐自己编，没有炸药自己造，粮食不够吃就采野菜、捞水草充饥，摄取最低的热量，释放改天换地的伟大能量。

2019 年 9 月，习近平总书记在河南考察时强调"焦裕禄精神、红旗渠精神、大别山精神等都是我们党的宝贵精神财富"，"要让广大党员、干部在接受红色教育中守初心、担使命，把革命先烈为之奋斗、为之牺牲的伟大事业奋力推向前进"。

延安精神中的"自力更生、艰苦奋斗的创业精神"与红旗渠精神中的"自力更生、艰苦创业"一脉相承、相互贯通。延安精神所创之业为建国大业，红旗渠精神所创之业为社会主义建设兴国强国大业。在全面深化改革进程中，红旗渠精神依然是激励我们奋勇前行的强大精神力量，在继往开来中镌刻永恒。习近平总书记在视察安阳时指出，没有老一辈人拼命地干，没有他们付出的鲜血乃至生命，就没有今天的幸福生活，我们要永远铭记他们。

（一）从林县梦到中国梦

过去林县人民最大的梦想就是解决水的问题，林县梦就是"水之梦"。杨贵指出："水就是林县的一切。只要在林县这块地界上干事，就得为父老乡亲们彻底解决缺水的问题。否则，我们就不是真正的共产党人！"[1] 修渠近 10 年，林县共修建小型水库 48 座，塘堰 346 座，各种建筑物 12408 座，架设渡槽 157 个，还

---

[1]　王怀让等. 中国有条红旗渠［M］. 开封：河南大学出版社，1998：29.

建起了扬水站、水电站等设施，重新安排了林县的山山水水。

"劈开太行山，漳河穿山来，林县人民多壮志，誓把河山重安排。"一部林县志，满卷旱荒史。仅凭一锤一钎一双手，林县人民硬是在太行山山腰的悬崖峭壁上开出了人工天河红旗渠。

修建红旗渠前，林县的千年旱情给林县人民带来了深重的灾难。在新中国成立之初，全县 550 个村子有 307 个严重缺水，有 5 万人依靠 30 口水井吃水，已经远远超越了人的生存极限。从 1436 年到 1949 年的 513 年间，曾发生旱灾 100 多次，绝收 30 多次。1942—1943 年间大旱，林州逃荒外出 10800 户，占总户数的 14%；饿死 1650 人，占总人口的 4.3‰。"水缺贵如油，十年九不收；豪门逼租债，穷人日夜愁"的旧民谣，勾勒出了林县干旱缺水的悲惨图景。

杨贵在接受采访时描述林县缺水以及因缺水导致人民生活极端困难、贫困的情况时，依然忍不住落泪。他说："我在前线打仗的那时候就比较困难了，到那个地方吃饭，那比前线打仗时候还要困难，所以我看了以后，有时我都掉泪了。"

杨贵在 1954、1955、1956 年这 3 年时间里，几乎跑遍了林县的大小村庄，对林县人民的苦难生活深感痛心。所以在修渠过程中遇到困难的时候，杨贵指出，这个渠咱们要坚决修下去，决不能半途而废，咱们"引漳入林工程"的名字要改一下，咱们改成红旗渠，我们要高举红旗前进。杨贵清楚，红旗渠工程没有退路，必须干成。

在决定引漳入林之前，林县也曾经修建了一批水坝，把全县的水浇地扩大了 2.6 倍，但依然是治标不治本，一旦遇到极端干旱天气，水坝就难以发挥作用。1959 年，林县遭受严重旱灾，境内 4 条河流全部断流，旱井水窖干涸见底。但正如《国际歌》中所唱的："从来就没有什么救世主，也不靠神仙皇帝。要创造人类的幸福，全靠我们自己。"

1958 年 11 月，毛主席视察河南时专门接见了时任林县县委书记的杨贵，他语重心长地对杨贵说："要知道水利是农业的命脉呀！"[1] 他还告诫其他的县委书记要把农业搞上去，必须大兴水利。

新中国的成立不是改朝换代，而是改天换地，改后的"天"就是社会主义的天，换来的"地"就是社会主义的地。红旗渠就是在社会主义革命和建设时期中国人民"改天换地"的典范，是林县人民发挥伟大的历史主动精神的生动写照。林县人民在党的领导下，改了林县的天，换了林县的地，使林县变成了社会主义新林县、人民幸福生活的新天地。

---

[1]　胡杨. 红旗渠特大功臣沉浮录 [J]. 河南省情与统计，2000（10）：17.

中国共产党要带领人民奔向美好、光明的未来，并且一定能够实现。这是站在崭新的世界向旧世界告别，向三千年未有之大变局告别，向中华民族的百年耻辱告别，向"人存政举、人亡政息"的治乱兴衰历史周期率告别。中国共产党要创造新的历史、新的世界、新的未来。

1949 年 3 月 5 日，毛泽东在党的七届二中全会上作了报告，非常自信地憧憬中国的未来："我们不但善于破坏一个旧世界，我们还将善于建设一个新世界。中国人民不但可以不要向帝国主义者讨乞也能活下去，而且还将活得比帝国主义国家要好些。"[1]

这是经过了漫长的 28 年抗争与奋斗而得到的结果和对未来的美好憧憬，这个旧世界不仅指国民党反动派统治的，笼罩在帝国主义、封建主义、官僚资本主义这三座大山阴影之下的旧世界，更是指自 1840 年鸦片战争以来中国逐步沦为半殖民地半封建社会的悲惨历史命运的旧世界。

正如毛泽东撰写的北京天安门广场人民英雄纪念碑的碑文中所说的：

"三年以来，在人民解放战争和人民革命中牺牲的人民英雄们永垂不朽！

---

[1]　毛泽东．毛泽东选集：第四卷［M］．北京：人民出版社，1991：1439．

"三十年以来，在人民解放战争和人民革命中牺牲的人民英雄们永垂不朽！

"由此上溯到一千八百四十年，从那时起，为了反对内外敌人，争取民族独立和人民自由幸福，在历次斗争中牺牲的人民英雄们永垂不朽！"[1]

中国共产党人豪情万丈，实现了重新安排河山的第一个阶段——建立新中国，并将立即转入重新安排河山的第二个阶段——建设社会主义。

第二个阶段的目标并不比第一个阶段的目标容易，因为我们不仅要克服新中国"一穷二白"的现状，还要克服我们党自身在面对重大胜利时的骄傲自满情绪，这是我们重新安排河山的最大障碍。毛泽东坚定指出："夺取全国胜利，这只是万里长征走完了第一步。如果这一步也值得骄傲，那是比较渺小的，更值得骄傲的还在后头。"[2] 实现改天换地，必须发扬历史主动精神。

1936 年 12 月，毛泽东在《中国革命战争的战略问题》中指出："及时退却，使自己完全立于主动地位，这对于到达退却终

---

[1]　中共中央文献研究室. 毛泽东文集：第五卷 [M]. 北京：人民出版社，1996：350.

[2]　毛泽东. 毛泽东选集：第四卷 [M]. 北京：人民出版社，1991：1438.

点以后，整顿队势，以逸待劳地转入反攻，有极大的影响。"[1]
毛泽东于 1949 年 9 月 16 日写作的《唯心历史观的破产》一文中
明确指出："自从中国人学会了马克思列宁主义以后，中国人在
精神上就由被动转入主动。"[2]

　　毛泽东在 1960 年 6 月 14 日至 18 日召开的中共中央政治局扩
大会议期间写作了《十年总结》，鲜明提出"主动权来自实事求
是"的观点："主动权是一个极端重要的事情。主动权，就是
'高屋建瓴'、'势如破竹'。这件事来自实事求是，来自客观情况
在人们头脑中的真实的反映，即人们对于客观外界的辩证法的认
识过程。"[3]

　　后来毛泽东谈到《十年总结》这篇文章时指出："我企图从
历史来说明问题，使我们盲目性少一点，自觉性多一点，被动少
一点，主动多一点，不要丧失主动权。"[4]

（二）谱写太行四部曲

　　延安精神和红旗渠精神沉淀在中国共产党人追求真理、追求

---

　　[1]　毛泽东. 毛泽东选集：第一卷 [M]. 北京：人民出版社，1991：
213.

　　[2]　毛泽东. 毛泽东选集：第四卷 [M]. 北京：人民出版社，1991：
1516.

　　[3]　中共中央文献研究室. 毛泽东文集：第八卷 [M]. 北京：人民出
版社，1999：197.

　　[4]　中共中央文献研究室. 毛泽东传（1949—1976）：下 [M]. 北京：
中央文献出版社，2003：1083.

人民幸福生活的奋斗历程中，照亮了现实和未来，是一代又一代中国共产党人接续奋斗、一脉相承的强大精神力量。在伟大的延安精神的引领下，中国革命走向了全面胜利，建立了新中国，确立了社会主义制度，打造了中国社会发展的整体框架。

在社会主义革命和建设时期，延安精神依然永放光芒，在这个时期形成的伟大的红旗渠精神与延安精神一脉相承，彰显了中国共产党人的精神品格。

在改革开放与社会主义现代化建设新时期，延安精神和红旗渠精神激励着中国共产党重新确立实事求是的思想路线，实现党和国家工作重心的转移，开创了改革开放新道路。

新时代新征程，延安精神和红旗渠精神历久弥新，生生不息，为全面推进强国建设、民族复兴伟业提供了重要的精神动力。林县人民在党的领导下，生动谱写了改天换地的"战太行、出太行、富太行、美太行"四部曲，逐步向富强、民主、文明、和谐、美丽的新林州迈进。

"战太行"聚焦解决生存问题，"出太行"聚焦解决温饱问题，"富太行"聚焦解决发展问题，"美太行"聚焦解决全面实现社会主义现代化。在红旗渠精神的激励下，林州"治山山变样、治水水长流、治穷穷变富"，入选全国县域经济竞争力百强县（市）。2016 年，林州被授予"中国建筑之乡"荣誉称号。

"战太行"铸就太行丰碑。红旗渠的兴建是林县人民在中国共产党的领导下做到的生存能量的一次集中释放，改变了林县历史上严重缺水的状况，使林县人民最基本的生存条件得到了改善，促进了经济和社会的发展，创造了巨大的物质财富。红旗渠的兴建是林县人民优秀品质的集中体现，是林县在新中国成立后艰苦创业历程中的"第一部曲"。

渠水奔流，精神永在。历史是最好的老师和教科书，在今天的林州大地，人民安居乐业，经济蓬勃发展，生态文明建设走在时代前列，这一切都与"十万大军战太行"的抗争和奋斗不无关系。红旗渠是初心之渠、人民丰碑。林县人民与大自然抗争，与天斗、与地斗，决不向困难低头，在党的领导下，团结一心奋战太行。

习近平总书记强调，今天，物质生活大为改善，但愚公移山、艰苦奋斗的精神不能变。红旗渠很有教育意义，大家都应该来看看。要用红旗渠精神教育人民特别是广大青少年，社会主义是拼出来、干出来、拿命换来的，不仅过去如此，新时代也是如此。

红旗渠已经成为党和人民坚守革命理想、创造人间奇迹的精神殿堂，成为精神传承、党性教育和宗旨践行的重要基地。每年都有大批的党员干部、人民解放军和武警部队官兵、青年学生、社会各界人士、国际友人等来到红旗渠，感悟英雄的林县人民改天换地的豪情壮志，感悟红旗渠精神的号召力、凝聚力、战斗力，感悟党和人民团结奋斗的力量、敢于战胜一切困难的力量。正如1965年5月25日，毛泽东在时隔38年后重回井冈山时创作的《水调歌头·重上井冈山》中所写的"三十八年过去，弹指一挥间"那样，红旗渠也历经沧桑巨变，弹指一挥间，半个世纪已过去，但红旗渠精神永存。

在中国共产党的领导下，中华民族迎来了从站起来到富起来、强起来的伟大飞跃。"战太行、出太行、富太行、美太行"四部曲就是中华民族伟大复兴历史进程在英雄的林州大地的一个缩影。

红旗渠精神是林州的立市之本、兴市之魂。林州的发展历程，以20世纪60年代修建红旗渠、80年代外出发展建筑业、90年代大办乡镇企业和市属工业、十八大以来加强生态文明建设为标志，经历了"战太行、出太行、富太行、美太行"四个阶段，被人们形象地称之为林州人的"创业四部曲"。

八百里太行把风光最秀美的一段留给了林州，林虑山被誉为"北雄风光最胜处"，太行大峡谷更是与雅鲁藏布江大峡谷、长江三峡等共同被评为"中国十大最美峡谷"。林州境内拥有世界一流、亚洲第一的滑翔伞运动基地，有千古之谜"猪叫石"、三九严寒桃花开的桃花谷。

近年来，林州市紧紧围绕生态建设这一核心，全力打造金融和科技两个引擎，持续强化创新、资本和互联网三种思维，确保了结构调整优化不减势、经济发展换挡不减速。林州已成为"有山有水有精神"的独具魅力的文化旅游胜地，形成了以源远流长的儒、释、道历史文化为内涵，集野营观光、休闲养生、滑翔攀岩、绘画写生、科考探险、爱国主义教育等多种旅游功能为一体的山岳型风景名胜区，"国字号"旅游品牌达 25 个。集雄、奇、峻、美于一体的自然山水风光，吸引世界各地的游客纷至沓来。现在，以红旗渠为代表的红色教育游、以太行大峡谷为龙头的绿色生态游和以国际滑翔基地为主导的蓝天翱翔游，"红、绿、蓝"三色旅游交相辉映，令国内外游客近悦远来，流连忘返。

（三）当代红旗渠精神

红旗渠精神生生不息，林县人民奋斗不止。红旗渠精神在改革开放和社会主义现代化建设新时期特别是在中国特色社会主义新时代绽放出新的光芒，在实现中华民族伟大复兴中国梦的历史进程中被赋予了新的内涵。英雄的林县人民始终不忘奋斗初心，勇担历史使命，争当时代先锋，努力创造更加美好的幸福生活，使红旗渠精神在新时代更加深入人心，真正开花结果、落地生根。红旗渠精神永不褪色！

在社会主义革命和建设时期形成的红旗渠精神诠释了中国人民不但站起来了，而且站得稳、站得长久，因为中国共产党带领人民确立了符合中国国情、具有中国特色、中国风格、中国气派、中国特点的社会主义制度。党的领导和社会主义制度的巨大政治优势，是红旗渠精神得以形成的根本政治基础。林县人民在党的领导下改天换地，靠的就是党的坚强领导和社会主义制度集中力量办大事、全国一盘棋，充分发挥各方面力量的优势。

改革开放以来，特别是新时代，党和国家事业发展取得了历史性成就、发生了历史性变革，广大林县党员干部群众是否依然能够保持当年修渠时的奋斗精神？在遇到新的挑战和困难时能否勇往直前、大胆探索、敢于斗争、善于斗争，继续争取更大的胜利，继续创造辉煌？在巨大的成就面前，林县广大党员干部能否始终保持干事创业的拼劲儿、闯劲儿、韧劲儿，坚持自信、自立、自强，走好新时代的群众路线？林县人民在富裕起来之后能否始终保持清醒头脑，实现物质文明和精神文明相协调，坚定历史自信和文化自信，坚持在传承弘扬红旗渠精神过程中走好新时代长征路？这是在传承弘扬红旗渠精神过程中需要回答的时代课题。

林县人民在改革进程中继承和发展了红旗渠精神，谱写出了当代的红旗渠精神，那就是"难而不惧，富而不惑，自强不已，奋斗不息"。"难而不惧"是自力更生、艰苦创业精神的精髓，是充分发挥人的主观能动性和充分尊重客观规律的辩证统一。"富而不惑"是在巨大的成就面前保持头脑清醒，追寻更高目标，保持昂扬斗志和奋斗精神，创造更大辉煌的精神，体现了继承性和创新性的辩证统一。难而不惧，富而不惑，必然会自强不已，奋斗不息。当代红旗渠精神是在经历了沧桑变迁而呈现出的新的精神状态，是中国精神在林州大地的具体体现。

当代红旗渠精神是马克思主义实践哲学的准确诠释，是林州人民充分发挥主观能动性和创造性，顽强奋斗、尊重科学、把握规律、稳扎稳打精神的体现，是马克思主义辩证唯物主义和历史唯物主义科学世界观方法论在林州大地的具体体现。

重视人的主观能动性，重视意识和精神对实践活动的巨大反作用，历来是马克思主义的重要观点。马克思早在 1843 年的《黑格尔法哲学批判》导言中就强调了精神力量的巨大作用，特别是当革命理论被群众所认识、掌握和接受时就会对客观世界的改造产生巨大的作用。

马克思指出："批判的武器当然不能代替武器的批判，物质力量只能用物质力量来摧毁；但是理论一经掌握群众，也会变成物质力量。理论只要说服人，就能掌握群众；而理论只要彻底，就能说服人。所谓彻底，就是抓住事物的根本。而人的根本就是人本身。"[1]

---

[1]　中共中央马克思恩格斯列宁斯大林著作编译局. 马克思恩格斯选集：第一卷 [M]. 北京：人民出版社，2012：9-10.

马克思在 1845 年的《关于费尔巴哈的提纲》中批判了旧唯物主义无视人的主观能动性的错误思想，强调了人的主观能动性的重要作用，认为"哲学家们只是用不同方式解释世界，问题在于改变世界"[1]。

革命导师列宁也非常重视革命理论对革命实践的指导作用，他提出过一个重要的命题："没有革命的理论，就不会有革命的运动。"[2]

毛泽东在新民主主义革命时期经常强调"物质可以变成精神，精神可以变成物质"的辩证唯物论观点，强调要充分发挥人的主观能动性。他在《论持久战》中指出："我们反对主观地看问题……但是一切事情是要人做的，持久战和最后胜利没有人做就不会出现。做就必须先有人根据客观事实，引出思想、道理、意见，提出计划、方针、政策、战略、战术，方能做得好。思想等等是主观的东西，做或行动是主观见之于客观的东西，都是人类特殊的能动性。"[3]

毛泽东在党的七大上发表了题为《愚公移山》的闭幕词，提

　[1]　中共中央马克思恩格斯列宁斯大林著作编译局. 马克思恩格斯选集：第一卷［M］. 北京：人民出版社，2012：136.

　[2]　中共中央马克思恩格斯列宁斯大林著作编译局. 列宁选集：第一卷［M］. 北京：人民出版社，1972：241.

　[3]　毛泽东. 毛泽东选集：第二卷［M］. 北京：人民出版社，1991：477.

出"首先要使先锋队觉悟，下定决心，不怕牺牲，排除万难，去争取胜利"[1]。在社会主义革命和建设时期，他仍然主张人是要有一点精神的。"我们要保持过去革命战争时期的那么一股劲，那么一股革命热情，那么一种拼命精神，把革命工作做到底。"[2]

在改革开放新的历史时期，邓小平同志也特别强调，党员干部尤其是领导干部要保持良好的精神状态，"没有一点闯的精神，没有一点'冒'的精神，没有一股子气呀、劲呀，就走不出一条好路，走不出一条新路，就干不出新的事业"[3]。

当代红旗渠精神充分彰显了以爱国主义为核心的民族精神和以改革创新为核心的时代精神。

中国共产党自成立以来，爱国主义一直都是我们党凝聚民族精神、团结各界群众、整合各种政治力量的重要精神资源。衷心热爱中华民族光辉灿烂的文明创造，衷心拥护中华民族的团结统一，衷心爱护中华民族的精神家园，衷心维护中华文化的价值认同，是中国共产党长期以来不懈追求的目标。

改革开放以来，经过经济体制的市场转型、社会管理的制度

---

[1]　毛泽东. 毛泽东选集：第三卷 [M]. 北京：人民出版社，1991：1101.

[2]　毛泽东. 毛泽东著作选读：下册 [M]. 北京：人民出版社，1986：800-801.

[3]　邓小平. 邓小平文选：第三卷 [M]. 北京：人民出版社，1993：372.

创新和政治体制的改革与完善，我国在各个领域都实现了改革的突破和创新的推动。但是在目前的改革攻坚阶段和发展的关键时期，又面临着改革难度加大、利益协调和破除利益藩篱的阻力增强的考验，甚至在某些领域和环节面临着改革难以向前推进的困境与挑战。

弘扬以改革创新为核心的时代精神，就要拿出最大的改革决心和勇气，运用高超的政治智慧和政治艺术，充分发挥社会各阶层参与改革、支持改革、推进改革的巨大力量，充分发扬党的艰苦奋斗、批评与自我批评、密切联系群众的优良作风，对改革发展道路上的问题不回避、不退缩，迎难而上，在改革中实现新突破，在创新中创造新辉煌，就一定能够在实现中华民族伟大复兴中国梦的征途中写下更加光辉灿烂的篇章。

三、走好新时代的长征路

习近平总书记指出："我们党领导的革命、建设、改革伟大实践，是一个接续奋斗的历史过程，是一项救国、兴国、强国，进而实现中华民族伟大复兴的完整事业。"[1] 习近平总书记对青年一代寄予厚望："新时代中国青年对先辈最好的告慰、对历史

---

[1]　中共中央文献研究室. 十八大以来重要文献选编：上 [M]. 北京：中央文献出版社，2014：694.

最大的负责，就是坚定走好新时代的长征路。"[1]

我们要始终不忘初心、牢记使命，始终坚持发扬自力更生精神品质、艰苦创业优良作风、团结协作光荣传统、无私奉献崇高品格，始终保持昂扬向上的精神面貌，心中有信仰之火，眼里有璀璨之光，以永不懈怠的精神状态鼓足干劲、乘势而上，担负起时代赋予我们的重任，为实现第二个百年奋斗目标努力奋斗，在全面建设社会主义现代化国家新征程中贡献我们的力量。

（一）创造"五史"里程碑

历史映照现实和未来，历史是诠释未来的密码。全面准确把握新时代的伟大变革，事关党和国家事业继往开来，事关中国特色社会主义前途命运，事关中华民族伟大复兴。

党的二十大报告指出："新时代十年的伟大变革，在党史、新中国史、改革开放史、社会主义发展史、中华民族发展史上具有里程碑意义。"[2] 深刻领会新时代伟大变革的"五史"里程碑意义，准确把握新时代伟大变革的历史方位，全面总结新时代伟大变革的历史经验，对全党全国各族人民进一步坚定历史自信，增强历史主动，主动担当实现中华民族伟大复兴的历史责任，以

---

[1]　习近平. 论党的青年工作［M］. 北京：中央文献出版社，2022：241.

[2]　习近平. 习近平著作选读：第一卷［M］. 北京：人民出版社，2023：13.

奋发有为的精神不断谱写新时代中国特色社会主义更加绚丽的华章具有极为重要的意义。

党的二十大报告提出了新时代伟大变革的"三件大事"和"三大历史性胜利"。"三件大事"分别是迎来中国共产党成立100周年，中国特色社会主义进入新时代，完成脱贫攻坚、全面建成小康社会的历史任务，实现第一个百年奋斗目标。

这"三件大事"在"五史"中具有里程碑地位，具体体现为"三大历史性胜利"，即中国共产党和中国人民团结奋斗赢得的历史性胜利、彪炳中华民族发展史册的历史性胜利、对世界具有深远影响的历史性胜利。

新时代伟大变革的"三件大事"和"三大历史性胜利"，与习近平总书记在庆祝改革开放40周年大会上的讲话中提出的近代以来中国社会发生的"三大历史性事件"、实现中华民族伟大复兴的"三大里程碑"相互贯通、相辅相成、相得益彰。这"三大历史性事件""三大里程碑"分别是"建立中国共产党、成立中华人民共和国、推进改革开放和中国特色社会主义事业"。

党的二十大报告中所阐明的新时代伟大变革经历的"三件大事"是近代以来中国社会发生的"三大历史性事件"的重要内容，是近代以来实现中华民族伟大复兴的"三大里程碑"的第三大里程碑"推进改革开放和中国特色社会主义事业"的重要组成部分，充分彰显了一代代中国共产党人一脉相承、接续奋斗的光辉历程和伟大成就。新时代的伟大变革开创了中国特色社会主义发展新局面，开辟了 21 世纪马克思主义中国化时代化新境界，在"五史"中具有里程碑意义。

新时代伟大变革丰富、发展、完善了中国式现代化道路的定位、目标、路径。中国式现代化的概念最早是邓小平同志在 1979 年提出的，意为坚持改革开放、立足中国国情、实现初步小康的现代化。

党的十九届五中全会在系统总结新时代中国特色社会主义发展重大成就的基础上提出了中国式现代化的 5 个方面的重要特征。党的二十大报告进一步系统阐述了中国式现代化 5 个方面重要特征的逻辑关系，明确提出了中国式现代化的战略部署、本质要求、重大原则。

新时代的伟大变革根本上在于有习近平总书记作为党中央的核心、全党的核心掌舵领航，在于作为马克思主义中国化时代化最新成果、中国特色社会主义理论体系最新成果的习近平新时代中国特色社会主义思想的科学指引。

实现新时代新征程中国共产党的使命任务，贯彻落实党和国家新的伟大事业的新部署新要求，必须进一步深刻领悟"两个确立"的决定性意义，增强"四个意识"，坚定"四个自信"，做到

"两个维护"，经常对标对表，及时校准偏差，一分钟都不站在党的队伍之外，一分钟都不偏离习近平总书记指引的方向，一分钟都不离开习近平总书记和党中央的视野，对党忠诚，听党指挥，为党尽责。"两个确立"是新时代伟大变革取得的重大政治成果，是全党重要的政治纪律和政治规矩，是检验党性的根本标准，是巩固党的团结统一、确保全党步调一致向前进的重要政治保证。

全党必须不断增强政治判断力、政治领悟力、政治执行力，持续淬炼政治能力，提高政治站位，以高度的政治自觉忠诚核心，以高度的思想自觉信赖核心，以高度的行动自觉维护核心，确保在政治方向、政治立场、政治原则、政治道路上始终同以习近平同志为核心的党中央保持高度一致。

坚持把讲政治从外在要求转化为内在主动，深刻领悟习近平总书记作为马克思主义政治家、思想家、战略家的恢宏气魄、远见卓识、雄韬伟略，深刻领悟习近平总书记作为大党大国领袖的政治智慧、战略定力、使命担当、为民情怀、领导艺术。

全党同志必须主动担当开辟马克思主义中国化时代化新境界的庄严历史责任，真学真懂真信马克思主义、学通弄懂做实习近平新时代中国特色社会主义思想，深刻领悟习近平新时代中国特色社会主义思想作为当代中国马克思主义、21世纪马克思主义的历史地位和理论地位，坚持不懈以习近平新时代中国特色社会主义思想武装头脑、教育群众、推动实践、指导工作，深入推动习近平新时代中国特色社会主义思想进一步深入人心、开花结果、落地生根，并在实践中不断丰富发展这一伟大思想，准确把握蕴含其中的世界观和方法论。

坚持好、运用好贯穿其中的马克思主义立场、观点、方法，坚持以辩证唯物主义和历史唯物主义的科学态度，把真理伟力转化为磅礴力量和生动实践，奋力谱写全面建设社会主义现代化国家新篇章，不断夺取新时代中国特色社会主义新胜利。

（二）坚持以中国式现代化全面推进中华民族伟大复兴

中国式现代化是在新中国成立特别是改革开放以来的长期探索和实践基础上，经过党的十八大以来在理论和实践上的创新发展而提出的重大命题，是新时代伟大变革的重要标志，是实现新时代新征程中国共产党使命任务的必然选择，是解决人民日益增长的美好生活需要和不平衡不充分的发展之间的矛盾的内在要求，意义非常重大，影响十分深远。

习近平总书记强调"中国式现代化为人类实现现代化提供了新的选择"，深刻阐释了中国式现代化的重要特征，深刻阐明了中国式现代化的本质要求，为团结和激励全国各族人民奋力谱写全面建设社会主义现代化国家新篇章、夺取新时代中国特色社会主义新胜利、推进中华民族伟大复兴历史进程而奋斗提供了明确方向和根本遵循。

党的二十届三中全会审议通过的《中共中央关于进一步全面深化改革、推进中国式现代化的决定》指出："当前和今后一个时期是以中国式现代化全面推进强国建设、民族复兴伟业的关键时期。中国式现代化是在改革开放中不断推进的，也必将在改革开放中开辟广阔前景。"[1]

必须坚持以中国式现代化推进中华民族伟大复兴，既不走封闭僵化的老路，也不走改旗易帜的邪路，坚持把国家和民族发展放在自己力量的基点上、把中国发展进步的命运牢牢掌握在自己手中，咬定青山不放松，撸起袖子加油干，风雨无阻向前行，以奋发有为的精神状态把中国特色社会主义不断推向前进。

中国式现代化为人类实现现代化提供了新的选择，具有重大世界意义。深入推进中国式现代化，将为人类对现代化道路的探索作出新贡献。

走好中国式现代化道路，不仅能把中国的事情办好，而且还能为人类文明进步，解决全球治理赤字、信任赤字、和平赤字、发展赤字提供中国方案、中国智慧、中国力量、中国道路、中国模式，得到国际社会的广泛赞誉。

---

[1]　中共中央关于进一步全面深化改革、推进中国式现代化的决定[N].人民日报，2024-07-22（1）.

中国式现代化不仅有力推进了中华民族伟大复兴历史进程，也为人类实现现代化提供了新的选择，创造了人类文明新形态，拓展了发展中国家走向现代化的途径，给世界上那些既希望加快发展又希望保持自身独立性的国家和民族提供了全新选择。

中国式现代化特征的五个方面并非彼此独立，而是紧密联系、相互促进的。人口规模巨大是中国式现代化的现实基础，全体人民共同富裕是中国式现代化的根本立场，物质文明和精神文明相协调是中国式现代化的指导原则，人与自然和谐共生是中国式现代化的价值理念，走和平发展道路是中国式现代化建设的必由之路。

人口规模巨大预示着在中国实现全体人民共同富裕将面临更加复杂严峻的考验。共同富裕是指人民群众物质生活和精神生活都富裕，必须站在人与自然和谐共生的高度来谋划发展，必须维护全人类的共同价值，坚持以互利共赢为核心坚定不移扩大对外开放，为中国式现代化创造良好外部环境。

人口规模巨大是中国的基本国情，一切政策理念和决策部署都要围绕这个基本国情来展开，把超大规模的人口规模转化为超大规模的市场优势、社会主义制度集中力量办大事的优势、推进国家治理体系和治理能力现代化的优势。

共同富裕是社会主义的本质要求，是社会主义现代化的重要目标，是中国特色社会主义制度的显著优势，必须坚持在发展中保障和改善民生，鼓励共同奋斗创造美好生活，不断实现人民对美好生活的向往，完善分配制度，坚持按劳分配为主体、多种分配方式并存，规范收入分配秩序，规范财富积累机制，扎实推进共同富裕。

物质文明和精神文明相协调是新时代坚持和发展中国特色社会主义的应有之义。要坚持中国特色社会主义文化发展道路，增强文化自信，广泛践行社会主义核心价值观。准确把握新发展阶段，深入贯彻新发展理念，着力构建新发展格局，推动高质量发展，统筹发展与安全，实现经济发展质的稳步提升与量的合理增长互动并进，物质富裕与精神富足共同进步。

坚持人与自然和谐共生是全面建设社会主义现代化国家的内在要求，必须推动绿色发展，牢固树立和践行绿水青山就是金山银山的理念。

走和平发展道路是有效应对世界之变、时代之变、历史之变、促进世界和平与发展作出的战略抉择，必须大力弘扬和平、发展、公平、正义、民主、自由的全人类共同价值，推动构建人类命运共同体，完善全球治理，践行真正的多边主义，坚定奉行独立自主的和平外交政策和互利共赢的开放战略，推进"一带一路"建设高质量发展。

全面建设社会主义现代化国家，实现新时代新征程的各项目标任务，关键在党。坚持党的全面领导，是中国式现代化始终坚持社会主义根本方向、向着实现中华民族伟大复兴目标砥砺前行的根本保证。

全面贯彻中国式现代化的本质要求，必须充分发挥党总揽全局、协调各方的领导核心作用，坚定不移维护党中央"定于一尊、一锤定音"的权威和集中统一领导，深刻领悟"两个确立"的决定性意义，健全总揽全局、协调各方的党的领导制度体系，完善党中央重大决策部署落实机制，确保党的团结统一，坚持全面从严治党，永葆党的生机活力，走好新的赶考之路。

我们推进的中国式现代化是中国共产党领导的社会主义现代化，中国特色社会主义是实现中华民族伟大复兴的必由之路。高质量发展是全面建设社会主义现代化国家的首要任务，是我国经济发展的鲜明主题，要坚持质量第一、效益优先，推动质量变革、效率变革、动力变革，加快建设现代化经济体系，努力实现更高质量、更有效率、更加公平、更可持续、更为安全的发展。

全过程人民民主是社会主义民主政治的本质属性，实现了过程民主和成果民主、程序民主和实质民主、直接民主和间接民主、人民民主和国家意志相统一，是全链条、全方位、全覆盖的民主，是最广泛、最真实、最管用的社会主义民主。必须坚定不移走中国特色社会主义政治发展道路，坚持党的领导、人民当家作主、依法治国有机统一，坚持人民主体地位，充分体现人民意志、保障人民权益、激发人民创造活力。

（三）把坚持高质量发展作为新时代的硬道理

高质量发展是全面建设社会主义现代化国家的首要任务，习近平总书记强调，"必须完整、准确、全面贯彻新发展理念""必须更好统筹质的有效提升和量的合理增长""必须坚定不移深化改革开放、深入转变发展方式""必须以满足人民日益增长的美好生活需要为出发点和落脚点"。习近平总书记关于"四个必须"的重大要求充分彰显了高质量发展所蕴含的科学世界观和方法论，为我们牢牢把握高质量发展这个首要任务提供了根本遵循。党的二十届三中全会审议通过的《中共中央关于进一步全面深化改革、推进中国式现代化的决定》指出："必须以新发展理念引领改革，立足新发展阶段，深化供给侧结构性改革，完善推动高质量发展激励约束机制，塑造发展新动能新优势。"[1]

1. 必须完整、准确、全面贯彻新发展理念

必须完整、准确、全面贯彻新发展理念，坚持和发展了马克思主义关于世界是普遍联系、发展变化和全面系统的观点，体现

---

[1]　中共中央关于进一步全面深化改革、推进中国式现代化的决定[N]．人民日报，2024-07-22（1）．

了整体与部分的辩证统一，是系统观念在高质量发展中的重要体现，是高质量发展的基本方法论。

习近平总书记强调，"系统观念是具有基础性的思想和工作方法"。必须完整、准确、全面贯彻新发展理念，要求我们始终以创新、协调、绿色、开放、共享的内在统一来把握发展，衡量发展，推动发展。创新、协调、绿色、开放、共享之间是相互促进、相互影响、相辅相成、相得益彰的关系，也是相互作用的系统，本质上体现的是生产力与生产关系、经济基础与上层建筑之间的关系。唯创新者进，唯创新者强，唯创新者胜。

发展是第一要务，创新是第一动力，科学技术是第一生产力，人才是第一资源。要坚持以创新思维添动力，既关注强化问题导向的创新，又关注原创技术、自主创新，着力打造全球创新高地、人才高地。创新已经成为时代的主旋律、最强音，要着力在创新观念、创新制度、创新文化上实现新突破、新进展，使创新作为全面建设社会主义现代化国家的核心力量得到充分体现。

要坚定贯彻党中央一系列重大改革决策部署，加快促进城乡区域协调发展，聚集资源、聚焦重点、聚合力量，全面推进乡村振兴，坚持农业农村优先发展，巩固拓展脱贫攻坚成果。要坚持绿水青山就是金山银山的理念，站在促进人与自然和谐共生的高度谋划发展，推动供给侧结构性改革与需求侧改革相结合，加快构建立足国内大循环、国内国际双循环相互促进的新发展格局，不断挖掘内生动力，激发外生活力，主动融入经济全球化进程，推动构建全球经济治理新体系，打造互利共赢新局面，形成对外开放新格局。扎实推进共同富裕，把改革的力度、发展的速度和人民可以承受的程度统一起来，推动全体人民共同富裕取得更加明显的实质性进展。

2. 必须更好统筹质的有效提升和量的合理增长

必须更好统筹质的有效提升和量的合理增长，坚持和发展了马克思主义的发展观，体现了事物发展进程中的质量互变规律，体现了主观能动性与客观规律性的辩证统一，是高质量发展的必由之路。必须更好统筹质的有效提升和量的合理增长，要求我们始终坚持质量第一、效益优先，大力增强质量意识，视质量为生命，以高质量为追求。

党的十九大提出了我国经济发展已经从高速增长阶段进入高质量发展阶段的重大判断，我国经济已经迈上更高质量、更有效率、更加协调、更加平衡、更加公平、更加安全的新发展阶段。高质量发展阶段并非低速发展的代名词，而是在保持经济增长在合理区间基础上的集约发展，是摒弃了传统的高污染、高消耗、低水平重复建设的粗放发展阶段的、质量和效益不断提升的发展形态。忽视高质量发展的要求，单纯追求 GDP 的增长速度，尽管有发展的热情，有强烈的发展危机感和紧迫感，但由于违反了经济发展的内在运行规律，必定会事倍功半、得不偿失。

高质量发展是遵循客观规律的发展，是充分发挥市场决定性作用、更好发挥政府作用的发展，是统筹发展与安全的发展，是从量变到部分质变再到整体质变的提升与蝶变，是发展方式的深刻调整与转型。适应新常态，认识新常态，引领新常态，把新常态的判断作为高质量发展的大逻辑，把坚定不移推动供给侧结构性改革、提高宏观经济治理能力作为推动高质量发展的主线。

3. 必须坚定不移深化改革开放

必须坚定不移深化改革开放，坚持和发展了马克思主义政治经济学的分析框架，即生产力分析框架、生产关系分析框架和生产要素分析框架，体现了改革、发展、稳定的辩证统一，是高质量发展的动力之源。

全面建设社会主义现代化国家，实现第二个百年奋斗目标，坚持以中国式现代化全面推进中华民族伟大复兴，体现了马克思主义关于生产力是社会发展的最终决定力量的观点。建设现代经济体系，建立高水平的社会主义市场经济体制，就是在生产关系和上层建筑层面对不适应生产力发展的体制机制进行改革。

当下，数据成为与土地、劳动力、技术、资本并列的生产要素，形成了包含数据价值化、产业数字化、数字产业化、数字化治理的数字经济思想，丰富了数字经济背景下的生产要素结构。必须坚定不移深化改革开放，要求我们增强改革意识，坚定改革意志，力求改革实效，深入转变发展方式，以效率变革、动力变革促进质量变革，加快形成可持续的高质量发展体制机制。

全面深化改革开放是推进中国式现代化的重大原则要求，是推动高质量发展的动力之源。问题倒逼改革，改革解决问题，要坚持把问题导向和结果导向相结合，提高战略思维能力，强化法治观念，紧盯突出问题、重大问题、长远问题、全局问题推进改革，注重改革方案的前瞻性、主动性、预见性、创新性，加强政策举措的协调性、配套性、灵活性。要主动面向市场主体和创新主体推动改革，加快转变政府职能，真正实现政府有为、市场有效，实现市场主导、企业主力，构建亲清政商关系，充分发挥各类市场主体的创新创造活力。

坚持政府有形之手与市场无形之手的有机结合，加快建设法治政府、服务型政府，坚持科学执政、民主执政、依法执政，以法治为基础优化营商环境，全力打造精准有利的政策环境、高效便捷的政务环境、崇尚创新的文化环境、保障有力的法治环境、充满活力的市场环境。

4. 必须以满足人民日益增长的美好生活需要为出发点和落脚点

必须以满足人民日益增长的美好生活需要为出发点和落脚点，坚持和发展了马克思主义关于人民群众是推动社会进步的根本力量的历史唯物主义基本观点，体现了人民历史主体性与价值主体性的辩证统一，是高质量发展的根本立场。必须以满足人民日益增长的美好生活需要为出发点和落脚点，要求我们把发展成果不断转化为生活品质，不断增强人民群众的获得感、幸福感、安全感。

习近平总书记强调，人民立场是中国共产党的根本政治立场，群众路线是我们党的生命线和根本工作路线，是我们党永葆青春活力和战斗力的重要传家宝。人民群众对美好生活的向往，就是我们的奋斗目标。推动高质量发展，要站稳人民立场，尊重人民创造，把握人民愿望，集中人民智慧，始终坚持发展为了人民、服务人民、造福人民，把共享发展作为高质量发展的根本归宿。高质量发展的成效如何，最终检验标准是人民群众满意不满意、高兴不高兴、答应不答应、赞成不赞成、支持不支持，这也是高质量发展的价值准则。要坚持把高质量发展的重大部署、重大要求落实在积极回应人民利益关切和解决人民急难愁盼问题上，落脚在实现全体人民共同富裕上，落细在各项惠民政策上。大力弘扬密切联系群众的优良作风，不断提升为民服务能力，把抓发展和抓党建紧密结合起来，把改进作风和增强党性结合起来，以高质量党建引领高质量发展，不断把人民群众对美好生活的需要变为现实，丰富人民精神世界，发展全过程人民民主，打破利益固化的藩篱，打造公平正义的发展格局，始终接受人民批评和监督，始终保持与人民的血肉联系，始终与人民同呼吸、共命运、心连心。